WOGUO QIYE MINGCHENG PINPAI SHANGBIAO JI
XUANCHUAN KOUHAO HANYIYING FANGFA ZHINAN

我国企业名称、品牌/商标及宣传口号汉译英方法指南

付永钢 漆 敏 ◎ 著

中山大学出版社
SUN YAT-SEN UNIVERSITY PRESS

·广州·

版权所有　翻印必究

图书在版编目（CIP）数据

我国企业名称、品牌/商标及宣传口号汉译英方法指南/付永钢，漆敏著. —广州：中山大学出版社，2022.12
　ISBN 978 - 7 - 306 - 07657 - 1

　Ⅰ. ①我… Ⅱ. ①付… ②漆… Ⅲ. ①企业—英语—翻译—中国—指南　Ⅳ. ①F279.23 - 62

中国版本图书馆 CIP 数据核字（2022）第 237497 号

出　版　人：	王天琪
策划编辑：	赵　冉
责任编辑：	赵　冉
封面设计：	曾　斌
责任校对：	陈　莹
责任技编：	靳晓虹
出版发行：	中山大学出版社
电　　话：	编辑部 020 - 84113349，84110776，84111997，84110779，84110283
	发行部 020 - 84111998，84111981，84111160
地　　址：	广州市新港西路 135 号
邮　　编：	510275　　传　真：020 - 84036565
网　　址：	http://www.zsup.com.cn　E-mail：zdcbs@mail.sysu.edu.cn
印　刷　者：	广东虎彩云印刷有限公司
规　　格：	880mm×1230mm　1/32　9 印张　234 千字
版次印次：	2022 年 12 月第 1 版　2022 年 12 月第 1 次印刷
定　　价：	38.00 元

如发现本书因印装质量影响阅读，请与出版社发行部联系调换

目　　录

前言 ………………………………………………………… 1

1 概述 …………………………………………………… 1
   1.1 企业名称、品牌/商标及宣传口号简介 ………… 1
      1.1.1 企业名称简介 ……………………………… 1
      1.1.2 品牌/商标简介 …………………………… 4
      1.1.3 企业宣传口号简介 ………………………… 9
   1.2 三类用语的汉英语言和语用特征对比 ………… 10
      1.2.1 企业名称汉英语言和语用特征对比 ……… 10
      1.2.2 品牌/商标汉英语言和语用特征对比 ……… 21
      1.2.3 企业宣传口号汉英语言和语用特征对比…… 26
   1.3 三类用语翻译现状调查与分析 ………………… 34
      1.3.1 企业名称的翻译现状及分析 ……………… 34
      1.3.2 品牌/商标的翻译现状及分析 …………… 39
      1.3.3 企业宣传口号的翻译现状及分析 ………… 42
   1.4 三类用语翻译的基本原则和路径 ……………… 47
      1.4.1 企业名称翻译的基本原则和路径 ………… 49
      1.4.2 品牌/商标翻译的基本原则和路径 ……… 52
      1.4.3 企业宣传口号翻译的基本原则和路径……… 54

2 企业名称的汉译英方法与技巧 ……………………… 58
   2.1 国名与地名的翻译 ……………………………… 58
      2.1.1 国名的翻译 ………………………………… 58
      2.1.2 地名的翻译 ………………………………… 59
   2.2 区别性称呼的翻译 ……………………………… 61

　　　　2.2.1　汉语拼音转写…………………………………… 62
　　　　2.2.2　音译……………………………………………… 66
　　　　2.2.3　直译……………………………………………… 67
　　　　2.2.4　意译……………………………………………… 69
　　　　2.2.5　创新翻译…………………………………………… 74
　　　　2.2.6　缩略翻译…………………………………………… 79
　　2.3　描述性部分的翻译……………………………………… 80
　　　　2.3.1　直译与汉语拼音转写…………………………… 81
　　　　2.3.2　省译与增译……………………………………… 83
　　　　2.3.3　意译或改译……………………………………… 85
　　2.4　组织形式的翻译………………………………………… 88
　　　　2.4.1　常规翻译法……………………………………… 88
　　　　2.4.2　灵活翻译法……………………………………… 91
　　　　2.4.3　缩略与省译……………………………………… 93
　　　　2.4.4　店铺门牌的翻译………………………………… 95

3　品牌/商标的汉译英方法与技巧 ………………………… 101
　　3.1　汉语拼音转写……………………………………………… 101
　　3.2　音译………………………………………………………… 104
　　3.3　直译………………………………………………………… 106
　　3.4　意译………………………………………………………… 109
　　3.5　创新翻译…………………………………………………… 112
　　3.6　简缩翻译…………………………………………………… 115

4　企业宣传口号的汉译英方法与技巧 …………………… 120
　　4.1　直译………………………………………………………… 120
　　4.2　意译………………………………………………………… 122
　　4.3　直译与意译相结合………………………………………… 124

4.4 省译 ·· 126
4.5 增译 ·· 128
4.6 语句重组 ·· 130

结束语 ·· 140

附录 ·· 141
  附录一　我国知名企业名称汉英对照 ········· 141
  附录二　我国知名品牌/商标汉英对照 ········ 184
  附录三　我国知名企业宣传口号汉英对照 ··· 218
  附录四　企业名称、品牌/商标及宣传口号汉译英常用
        词汇 ······································· 241

参考文献 ·· 276

致谢 ·· 280

前　言

　　每每漫步大街，闲逛商场，浏览网页，看到那些五花八门、稀奇古怪的企业名称、品牌/商标和企业宣传口号的英语译文，笔者总是忍俊不禁。然而，语言与翻译研究者的本性又促使笔者思考：大庭广众之下这些展现"门面"的译文为何如此千疮百孔、错误连篇？有关企业为何如此疏忽大意？是因为找不到还是认为没有必要找专业的相关的翻译人员来译？难道没有一部专门的翻译指南吗？带着这些问题，我们认真搜索了一些众所周知的图书网站，还真没有找到一本在这方面比较全面的指南。这就让我们萌发了编写一部相关指导书的念头。如果有这样一部指导性的翻译指南供公司或企业及相关译者参考，不但省时省力，更重要的是有一定的标准和样板，可供参照和模仿，就能够在翻译这些重要的公示性文本时避免出现佶屈聱牙、贻笑大方的译文。

　　企业名称、品牌/商标和宣传口号看似简单好译，实则暗礁重重，稍不小心就会出错。首先，对不符合法规或惯例的企业名称、品牌/商标和宣传口号，如果不加以调整就依样画葫芦地翻译，译文就可能存在与原文相似的问题。其次，符合我国的法规和惯例并不等于就完全符合他国或国际规范和惯例，不假思索地随意翻译也会使译名产生文化偏差。最后，如果不顾外国的文化习俗和语言规则，想当然地翻译，译文极有可能触碰其他国家或民族的"文化雷区"，使产品的销售步履维艰，或让公司的名誉受损。要译好企业名称、品牌/商标和宣传口号，译者不但需要有深厚的双语底蕴，而且必须熟悉目标国家或地区的相关法律法规和风土人情，在翻译中有意识地进行文化操控，重视跨文化维度，注重语用策略的运用，把握好翻译的大方向。只有这样，才能产出恰到好处的译文——在语言方面准确无误、在语用方面恰如其分、在文化方面入乡随俗的译文。

　　企业名称、品牌/商标和宣传口号的翻译不是一件小事，它关乎公司的名誉或产品与服务的生命，译得好事半功倍，为企业的发展添砖加瓦；译不好事倍功半，不但无助于企业的发展，反而成为其事业的累赘。因此，笔者希望通过编写这部翻译指南，为有相关需求的企业助一臂之力，帮助它们通过本企业名称、品牌/商标和宣传口号的适当翻译让自身的形象得以恰当地展示在国际上，让企业的产品或服务得以受到他国消费者的欢迎。

付永钢
广东珠海
2022年4月15日

1 概 述

在讨论企业名称、品牌/商标及宣传口号的翻译之前,有必要对这类文本的相关情况、语言和语用特征以及翻译的基本原则和路径进行简要的介绍和分析,让读者对汉英相同类型文本的语言和语用特征有所了解和认识是十分有必要的,这是我们详细讨论这类文本翻译的基础。

1.1 企业名称、品牌/商标及宣传口号简介

本指南针对的是我国企业的名称、品牌/商标及宣传口号,采用的实例来自企业官网和宣传手册、相关文章和著作,也有一部分是笔者在街上、商务区和企业门口亲手抄录下来的。鉴于每个小类都有一些背景情况值得关注,了解这些情况对具体文本的翻译有一定意义。

1.1.1 企业名称简介

本指南所说的"企业"是一个含义较广的概念,没有严格的限制,既可以是数万人的大公司,也可能是几个人的家庭式店铺;既包括国有企业,也包括集体和私营公司及店铺;既指无限责任企业(我国不允许设立无限责任公司),也指有限责任公司和股份有限公司。总而言之,只要是企业,无论大小和性质,都有可能涉及。因此,指南中的"企业名称"也是指所有这些类别和性质的公司、店铺等的名称。例如"中国人民银行""九江兄弟包装机械有限公司""珠海斯玛特儿童美术中心"等。一个企业的名称是用来指代这个企业的,其基本的功能就是将本企业与同行业的其他企业区分开来,指明企业的性质和类属,同时也兼有突出本企业特色、彰显企业实力的作用,是企业软实力的一个重要方面。企业名称还有一个特点,就是一旦定下来并获政府

相关部门批准，就受到法律的保护，通常不易更改，往往会延续使用数十年甚至更长时间。正因为如此，企业在起名时通常都会小心谨慎，下足功夫，让自己的名字听起来或吉祥如意，或气宇轩昂。当然，有时也会发生更名的情况，原因可能是认为原名不理想，或企业的性质发生了变化，或企业之间进行了重组或合并。另外，企业起名也不能随心所欲，如果与同行业其他企业的名字重合或高度类似，或违反文字和语言的有关规定，就很难获得有关部门的批准。

企业名称最常见的形式通常由四个部分构成：地名/国名、区别性称呼、描述性部分、组织形式。但也有一些大型企业只有地名/国名、描述性部分和组织形式三个部分。"地名/国名"是企业表明自身所属地域或国家的表述，大多数企业在正式文本和场合中都会写出来，但在非正式语境里经常会省去；"区别性称呼"是企业将自己与同行业其他企业区分开来的言词，使用的词语各不相同；"描述性部分"是企业说明自己的性质和特征的词语，同行业或同领域不同企业的描述性部分往往相同或相似；"组织形式"是指企业申请成立时获批的构成形式，本指南将某些企业（特别是店铺）的传统存在形式也包括在内。据笔者收集的我国企业名称的数百个样本，我们可以将企业名称中频繁出现的描述性部分按大小类别大略归纳如下。

企业名称描述性部分频繁出现的大类：

工业、农业、建筑、能源、矿业、材料、制造/锻造/制作、设备、日常制品/用品、运输、工程、科技、医药、实业、商务/商贸、电子、通信/通讯/邮政、房地产、设计、文化、服务

企业名称描述性部分各大类之下频繁出现的小类：

工业：重工业（钢铁、[其他]金属、机器、机械、车辆、船舶、矿山等）、轻工业（纺织/家纺、针织、服饰/服装、食品加工、日常用品等）、化工、核工业等

农业：农业生产、畜牧业、林业、渔业、粮食、食用油、乳业/乳品、饮料、蔬菜、制酒/酒业、制茶/茶叶等

建筑：工业建筑、民用建筑、城市建筑、桥梁建筑、道路建筑等

能源：石油、油田、炼油、煤炭、电力、天然气、太阳能、风力、核能等

矿业：铁矿、铜矿、铝矿、锌矿、金矿等

材料：铁、铜、铝、锌、金、塑胶、橡胶、纸业、新材料、复合材料、陶瓷、建筑材料、装饰材料等

制造/锻造/制作：钢铁、钢板、无缝钢管、电器、机器、机械、器械、器材、电机、机电、机床、车床、车辆、汽车、汽车部件、船舶/造船、兵器、家电、五金、工艺品、礼品、化妆品、装饰品、护肤品、医药/药业/制药、保健品、制糖/糖业、食品、药品、保健品等

设备：电器、电气、机器、机械、电机、机电、仪表、仪器、淋浴设备、卫浴设备、影视器材、医疗器械、门控设备、照明/灯饰/灯具、电缆等

日常制品/用品：厨具、洁具、家具、文具/文教用品、宠物用品等

运输：海运、集装箱、货运、客运、航空、铁路、公路、出租车、物流等

工程：建筑、铁路、生物、生态、园林/环境/绿化等

科技：工业、农业、能源、材料、航空、数码等（或无表示性质或专业的定语）

医药：药业、中药、制药、药品、医院、诊所、药店/药

房等

实业：轻工、制衣/服装、卫浴、外贸等（或无表示性质或专业的定语）

商务/商贸：电子商务、网购、超市、市场、百货、批发、零售、（进出口）贸易、外贸、店、铺等

电子：计算机/电脑、数码、元件、软件等

通信/通讯/邮政：网络、铁路等

房地产：地产、置地、开发、房屋租售等

设计：建筑、工业、室内、图文、服装/时装、品牌等

文化：传媒、演出、印刷、出版、传播等

服务等：技术开发、转让、网络、信息、快递、（电子）商务、金融、银行、证券、投资、租赁、保险、控股、农机、测试/检测、装修/装饰/装帧、翻译、旅游/旅行社、物管、健康/保健、家政、维修、保养、售后、环卫、咨询/顾问、餐馆、宾馆、健身、培训、娱乐、教育/教学（中心）等

上面是我国企业名称描述性部分经常出现的行业和领域类型，其中大小类有时会出现重叠，如大类"科技"与也是大类的"工业""农业""材料"等经常出现交集，而小类"机器"同时出现在"工业""制造/锻造/制作""设备"几个大类中。这些词汇有不少是日常中的常用词汇，例如"工业"（industry）、"农业"（agriculture）、"能源"（energy）；当然也有一部分是比较专业的术语，如"炼油"（oil/petroleum refining）、"复合材料"（composite）、"无缝钢管"（seamless steel tube/pipe）等。

1.1.2 品牌/商标简介

品牌/商标也是一种区别性的标志，是一个企业将自己的形象或生产的某种产品或提供的某种服务与其他企业或其他同类产

品或服务区别开来的一种或一些符号,包括文字、图形、字母、数字、三维标志、颜色和声音等要素,或这些要素的组合。在形式上,使用文字或图标,或这两种形式相结合的情况比较普遍,使用声音的较为少见。有些品牌并未正式注册为商标,只有经过申请获得我国工商总局商标局核准注册的才能被称为"注册商标"。注册商标会受到法律的保护,任何其他企业未经许可不得使用这一商标,如果擅自使用,将承担相关法律责任。商标按用途通常分为营业商标、证明商标、等级商标、组集商标、联合商标、防御商标等。本指南所涉及的商标主要为营业商标,但不限于注册商标,也涉及普通品牌。例如"青岛啤酒"、"红塔山"(香烟)、"报喜鸟"(服装)等。品牌/商标具有一系列显著的特征,其中包括:商标不是独立存在的,而是依附于商品或服务的;商标是商品信息的载体,可以参与市场竞争;商标是一种无形资产,具有市场价值,可以有偿转让;注册商标具有独占性。

作为企业形象、商品或服务重要组成部分的品牌/商标,是企业宣传自己或推销商品非常关键的一环,其实也可以视其为一种简洁明快的广告,与普通广告一样具有劝诱功能。企业形象是否正面,商品是否畅销,服务是否受欢迎,与品牌/商标的推广度关系密切。一个众所周知的品牌/商标,如"蒙牛"(奶制品)、"同仁堂"(药业)、"五粮液"(白酒)等,由于人们熟知,含金量高,相关商品价值随之倍增。与此同时,随着商品的畅销或服务的普及,生产商品或提供服务的企业的声誉也水涨船高,知名度日益增加,这又为企业提高声誉、促进产品销售创造了更好的条件,形成了有利于企业发展的良性循环。

商标与品牌关系密切,但并非一码事。简单来说,商标是通过向政府有关部门申请而获得正式批准的一种代表企业或商品的标志,而品牌是包括商标在内的代表企业或商品的符号或形象。换言之,品牌的范畴比商标要宽泛。商标通常以静态形式出现,由文字/字母/数字、象征符号/图案组成,有些商标包括三维标志和色彩。品牌包括静态和动态两个部分,静态部分与商标所包含的成分相似,动态部分包括代表品牌的人物角色(品牌形象)、品牌的传播、维护和公关活动等。例如,黄金珠宝集团旗下的高端黄金首饰品牌"梦金园",其商标除了"梦金园"三个汉字和英文MOKINGRAN①外,还有一个象征首饰的图案。作为品牌,它还包括形式各样的推销和宣传方式,也包括作为品牌代言人的影视明星海清和阚清子的广告形象以及活动。另外,商标是企业专有的,是受法律保护的;品牌则不然,你可以使用,别人也可以使用。品牌(的一部分)往往被企业申请注册为商标,合二为一以利于企业或商品的宣传和推销。商标的有效性取决于法律的规定,我国规定的时限为10年,到期后可以申请续期。品牌的有效性取决于市场,只要有市场,就不会过期,但如果市场萎缩,就会寿终正寝。

  品牌/商标与一家企业、一样商品或一种服务直接联系,企业的名称与一个企业组织或机构直接联系。企业的名称通常只能由文字构成,而品牌/商标除了文字外还可以包括图案、三维标志和色彩等成分。虽然品牌/商标和企业的名称各自关注的主体不同,但品牌/商标与企业名称也有一定的关系。随着企业生产的产品或提供的服务的知名度越来越高,出于推广商品的目的,企业往往直接将自己名字的简略式或缩写式作为商标进行注册,这样在某种程度上商标与企业的名称在表达上就完全一致了,这对扩大企业的声誉和商品的推销都十分有利,是一个一举两得的策略。例如,拥有"格力""红豆""阿里巴巴"这三个商标的企业全称分别为"珠海格力电器股份有限公司""红豆集团(有

---

① 本书中的英语译文皆按照企业的官方译文形式书写,故有不符合一般语法的大小写或标点。

限公司)""阿里巴巴网络技术有限公司/阿里巴巴集团（有限公司)"。

从我国品牌/商标的情况来看，大部分在字面上都与相关的企业名称有一定的联系，但也有少数品牌/商标在字面上并未反映出这种联系。根据笔者收集的数百个品牌/商标，至少可以总结出以下数种结构（下文中"地名/国名""区别性称呼""描述性部分"均是指企业名称的组成部分）。

地名/国名+描述性部分，经常被用作企业简称：

中国船舶（中国船舶集团有限公司）、中国化工（中国化工集团公司）、上海纺织（上海纺织集团有限公司）

地名/国名+描述性部分的缩略形式，经常被用作企业简称：

中国重汽（中国重型汽车集团有限公司）、上汽集团（上海汽车集团股份有限公司）、中（国）石化（中国石油化工股份有限公司）

地名/国名+区别性称呼，经常被用作企业简称：

中国移动（中国移动通信集团公司）、中国平安（中国平安保险［集团］股份有限公司）、上海回力（上海回力鞋业有限公司）

区别性称呼+描述性部分，经常也被用作企业简称：

骄阳焊工（河北骄阳焊工有限公司）、康邦科技（北京康邦科技有限公司）、乐海乐器（中山乐海乐器有限公司）

区别性称呼，经常被用作企业简称：

中兴（深圳中兴通讯股份有限公司）、众驰伟业（北京众驰伟业科技发展有限公司）、阿里巴巴（杭州阿里巴巴集团控股有限公司）

区别性称呼＋企业生产的产品之一：

志邦橱柜（合肥志邦家居股份有限公司）、升达地板（四川升达林产工业集团有限公司）、维维豆奶（维维集团股份有限公司）

企业的品牌之一：

荣威（上海汽车工业［集团］）、清风（金红叶纸业集团有限公司）、享之味（香港方氏食品［中国］集团有限公司）

城市或地区推销的公共品牌：

青岛农品（青岛市）、五常（大米）（黑龙江［五常市］）、金山味道（上海市农产品）

地名已经成为区别性称呼的一部分：

金华火腿（浙江省金华火腿有限公司）、云南白药（云南白药集团股份有限公司）、广州酒家（广州酒家集团股份有限公司）

上面是粗略的分类，十分罕见的情况并未被统计在内。

1.1.3　企业宣传口号简介

本指南所说的"企业宣传口号"是一个比较宽泛的概念，既包括企业为树立和保持自我形象、扩展企业声誉、宣示企业理念的口号式语句，也涵盖企业为宣传和推广其商品/服务的常用广告口号。这两类口号时常出现在大街小巷的广告牌上，或电视、广播中，也是绝大多数企业网站首页常见的宣传语。这类话语的共同特点是简明扼要、通俗易懂、中心突出、感召力强、被长期或反复使用。不少宣传口号或铿锵有力，或妙趣横生，让人过目不忘。例如"让世界一起联想！"（联想集团）、"让世界爱上中国造"（格力电器）、"我们测试设备，你们测试我们"（豪迈电力）等。企业宣传口号对企业十分重要，对内好似一只号角，明快而响亮地宣示了企业的精神和奋斗目标，令企业上上下下为之一振，指引着企业的领导和员工不断奋进；对外等于简洁有力的广告，在社会中广为传播，无形之中为企业宣传造势，使潜在消费者的人数日益增加，为产品广开销路。

无论是企业形象口号还是产品/服务广告口号，往往都简单精练，以寥寥数语将企业的形象和产品/服务的优势或特点展现在世人眼前。从企业形象口号的内容看，主要包括以下几类：第一类，反映企业精神或核心理念的口号，如"真诚到永远"（海尔集团）、"创业、创新、创优"（广东核电集团）；第二类，展示企业追求或奋斗目标的口号，如"追求卓越，打造具有国际竞争力的一流的现代流通企业集团"（浙江物产集团）、"创中华民族品牌"（合肥合锻智能制造股份有限公司）；第三类，宣示企业服务理念的口号，如"让世界一起联想"（联想集团）、"丰富人们的沟通和生活"（华为集团）；第四类，显示企业特色或重要性的口号，如"中华老字号"（中华老字号企业）、"五十余载精密机床研发、制造历史"(成都宁江机床[集团]股份有限公司);第五类,说明企业发展或运作理念或策略的口号,如"如果没有做大的速度,就没有做强的机遇"(蒙牛乳业)、"咀嚼虽贵,必不敢减物力;炮制虽繁,必不敢省人工"(同仁堂药业);第六类,综合型口号,这类口号的内容往往包含了上述两个或两个以上的类别,如"企业与时代共同前进、企业与客户共创价值、企业与员工共同发展"(浙江物产集团)、"彼此尊敬,相互同等,互惠互利,独特发展,诚信至上,文化经营,以义生利,以德兴企"(荣事达集团)。

1.2 三类用语的汉英语言和语用特征对比

虽说汉英企业名称、品牌/商标及宣传口号有不少共同之处,但毕竟汉语和英语属于两个不同的语系,语言和语用的不同之处也显而易见。对汉英两种语言中这三类用语的语言和语用特征做一个较为仔细的对比将有助于探索其翻译的策略和方法。

1.2.1 企业名称汉英语言和语用特征对比

就企业名称而言,我国工商行政管理机关做出了一些规定。例如,应当使用符合国家规范的汉字,不能使用汉语拼音字母或阿拉伯数字;除了国家级的企业可以在名称前面冠以"中国"等表示国家级别的字眼外,普通企业不允许使用这类词语。除了一些大型企业只有地名/国家名、描述性部分和组织形式三个部分,我国企业名称通常由四个部分构成,即地名/国家名、区别性称呼、描述性部分和组织形式。普通企业在正式文本中和正式场合通常需将企业所在地的地名(县级及以上,但不包括一个市或县下面的行政区)置于名称的最前面,如"四川省银河化学股份有限公司""天津红日药业股份有限公司""烟台蓝白餐饮有限公司";也有将地名放在企业名称中间的,如"神华宁夏煤业集团有限责任公司""太平人寿保险有限公司黑龙江分公司""大海粮油工业（防城港）有限公司"；还有包含两个地名的，或一大一小紧挨着，或一个在开头一个在中间，如"安徽马鞍山农村合作银行""新疆有色金属工业公司阜康市冶炼厂""湖州越球电机有限公司上海办事处"。

区别性称呼是将一个企业与同一地区同行业的其他企业区别开来的文字表述，店铺通常也称为"字号"或"商号"，是这一地区这家企业所独有的，如"中国南方航空股份有限公司"中的"南方"、"江苏汇鸿国际集团股份有限公司"中的"汇鸿"、"江阴贝特自动门制造有限公司"中的"贝特"。

描述性部分是指行业、领域、专业、工种等，同行业不同的企业通常会使用相同的描述性部分，如"南京屋之秀科技有限公司"中的"科技"、"南通东海机床制造有限公司"中的"机床制造"、"烟台渤海制药集团有限公司"中的"制药"。

企业组织形式是一个法律概念，我国企业的组织形式包括有限责任公司、股份有限责任公司、合伙企业、独资企业等。不少企业由于其独特性往往在描述性部分的后面跟一个表示其特殊存在形式的词语，如"事务所""厂""场""站""馆""社""行""店""铺""院""中心"等。但这些并非法律意义上的组织形式，因为这类企业全称通常也是要写明常规组织形式的。例如"北京市企业清算事务所 有限公司""上海电瓷厂 有限公司""大中华酒店 有限公司""重庆银行 股份有限公司"。这四家企业名称中的"事务所""厂""店""行"是对其特殊存在形式的描述，而它们后面紧跟的"有限公司"或"股份有限公司"才是法定组织形式。

企业名称的四个组成部分也不是缺一不可的，比如国企和某些大型民企往往没有区别性称呼，只有地名/国名、描述性部分和组织形式三个部分，如"中国航空科技工业股份有限公司""中国粮油控股有限公司""中国工商银行股份有限公司"等。

另外，因为店铺大多数都是属于当地的，因此，其标牌经常都省去了地名/国名，如"莫泰酒店"（上海美林阁酒店及餐饮管理有限公司旗下的连锁便捷酒店）、"美妙美食店"（广州餐馆）等；不少店铺的标牌不但省去前面的地名/国名，而且也常常省掉后面的存在形式甚至组织形式，如"禾绿回转寿司"（深圳禾绿餐饮管理有限公司下属的连锁店）、"太平洋咖啡"（香港华润咖啡连锁店）等；还有一部分店铺（特别是服装店）的标牌上往往只有区别性称呼，如"超级工厂"（天津大悦城首饰、配饰等店铺）、"兰卓丽"（四川南充内衣、服装店）、"依发办事"（北京理发店）等。

与我国企业名称的标准格式相比，英语国家的企业名称开头通常不带地名，但其余部分与我国企业相似，即区别性称呼、描述性部分和组织形式。区别性称呼同样是最重要的组成部分，因为只有它才能将一个企业与同一地区同一行业的其他企业清楚地区分开来，因此很少省略，例如 Lockheed Martin Corporation（洛克希德马丁公司）中的 Lockheed Martin、Hewlett Packard Development Company（惠普公司）中的 Hewlett Packard、Paramount Pictures, Inc.（派拉蒙电影公司）中的 Paramount。标示企业所属行业、所具性质等的描述性部分也广泛存在于英语国家企业的名称中，例如 American Telephone & Telegraph Corporation（美国电话电报公司）中的 Telephone & Telegraph、National Westminster Bank（威斯敏斯特银行）中的 Bank、TransCanada PipeLines Limited（加拿大管道输送有限公司）中的 PipeLines。当然，英语国家也有少数企业名称开头带有地方名称，如 Minnesota Minice & MFG.（明尼苏达矿业公司）中的 Minnesota、New York Life Insurance（纽约人寿保险公司）中的 New York、Davisburg Candle Factory（戴维斯堡蜡烛厂）中的 Davisburg 等。西方也有部分企业的名称中含有国名或大洲的名称，以形容词或名词的形式出现于企业名称的开头或中间，偶尔也位于末尾，如上面的美国公司 American Telephone & Telegraph Corporation 和加拿大公司 Trans Canada PipeLines Limited 中的 American 和 Canada；再如 American International Group（美国国际集团）中的 American、Australian and New Zealand Banking（澳大利亚和新西兰银行）中的 Australian 和 New Zealand、Commonwealth Bank of Australia（澳洲联邦银行）中的 Australian。虽然英语国家通常并未要求企业必须将组织形式写进自己的名称之中，但不少英语国家企业的名称是包括组织形式的，一般有三种，即 company（公司），通常缩写为 Co.；company limited（有限责任公司），通常缩写为（Co.）Ltd./LTD；Incorporation（公司、团体、法人），通常缩写为 Inc./Corp.。例如 Marriott International, Inc. Hotels（万豪国际酒店集团公司）中的 Inc.、Street & Park Equipment Co., Ltd.（街道与公园设备有限责任公司）中的 Co., Ltd.、General Dynamics Corp.（通用动力公司）中的 Corp.。英语国家还有一些以 group（集团）、firm（公司、商行）、concern（企业）、partnership（合伙企业）、transnational（跨国公司）、works（工厂）、foundation（基金[会]）、institute（学院、研究院）、association（协会）、union（联盟）、laboratory/laboratories（实验室）、agency（代理处、公司）等命名的企业，如 Oaktree Capital Group（美国橡树资本集团公司）、American Dairy Association（美国乳制品协会）、Commercial Union（商业联合有限公司）、Abbott Laboratories（雅培[保健品]公司），等等。

  在字词的使用方面，由于行业的不同，汉语企业名称的长短有所不同，如银行和饭店等企业的名称由于描述性的用字较多，因此，常用名通常比许多其他行业的企业名称要短一些，例如"华夏银行""中国工商银行"与"广州天赐高新材料股份有限公司""北京棕榈树技术开发有限公司"相比,前者不带组织形式"股份有限公司"的常用名就短得多。网络公司的常用名称一般最短,如"淘宝网""搜狐网""网易公司"。另外,如果一个大企业的分公司或分支机构连带总公司的名字一并写出来,公司的全称就会很长,如"杭州洁太厨卫设备有限公司嵊州分公司""亨国(厦门)精机工业有限公司上海分公司"等。我国的省、市、县名多为两个字,企业名称经常会带上"省/自治区""市""县"等说明行政级别的字眼,如"山东省黄海造船有限公司""江阴市万事兴汽车部件制造有限公司""邵东县吉利打火机制造有限公司",但有时也会省略。我国企业名称中区别性称呼的用字数量差别较大,从两个字到六个字不等,但以两个字的为主,其次是三个字,如"中国乐凯胶片集团公司"中的"乐凯"、"杭州皇冠卫浴洁具有限公司"中的"皇冠"、"珠海安士佳电子有限公司"中的"安士佳"、"杭州高得高洁具有限公司"中的"高得高"等。区别性称呼四个字及以上的属于个别现象,如"柳州高斯贝尔数码科技有限公司"中的"高斯贝尔"、"台湾和易欣兴业有限公司"中的"和易欣兴业"、"固安华夏幸福基业股份有限公司"中的"华夏幸福基业"等。

　　总的来看,英语国家企业名称的用词比我国的要少一些,因此名称通常更短。一是经常不使用表示企业所在国或所在地的词语,二是区别性称呼往往只使用一两个词,三是组织形式常常被省略,如 J. B. Hunt Transport Services（J. B. 亨特货运运输公司）、Royal & Sun Alliance（皇家太阳联合保险集团）、Magna International（麦格纳国际公司）。与中国企业相同的一点是,英语国家银行、饭店等企业常用的名称通常也比其他类型的企业更短一些,如 Chase Manhattan Bank（大通曼哈顿银行）、Midland Bank（米兰银行）、Hyatt Corporation（凯悦国际酒店集团）。就区别性称呼而言,英语国家企业名称使用 1～2 个词的最常见,在笔者随机抽取的 200 个含有区别性称呼的企业样本中，有 138 个企业使用了一个词作为区别性称呼，占样本总数 200 的 69%，如 Allied（联合）、Avon（雅芳）、Google（谷歌）等；50 个企业使用了 2 个词，占样本总数的 25%，如 Lockheed Martin（洛克希德马丁）、Rolls Royce（劳斯莱斯）、Rite Aid（来德爱）等；使用 3 个词的有 9 个，占样本总数的 4.5%，如 Kentucky Fried Chicken（肯德基）、Great Atlantic & Pacific（大西洋与太平洋）、J. C. Penny（杰西潘尼）等；使用 4 个词的仅 3 个，占样本总数的 1.5%，它们是 Morgan Stanley Dean Witter（摩根士丹利）、Turners of Bond Street（邦德街）、R. R. Donnelley & Sons（当纳利父子）；没有企业使用多于 4 个词作为区别性称呼。在计算区别性称呼使用的词语时，带连字符和不带连字符的合成词都被算作一个词，如 Häagen-Dazs（哈根达斯）、PacifiCare（太平洋保健）等都分别作为一个词计算；缩写词被视为常规词语计算，如 Dr. Pepper Snapple（彭泉思蓝宝）中的 Dr.、A. O. Smith（艾欧史密斯）中的 A 和 O；表示"和"的"&"被视为符号，未算作一个词，如 Peninsular & Oriental（半岛东方）、Marks & Spencer（玛莎）等均被视为 2 个词。英语国家的企业名称中的区别性称呼时常会使用自造词语，计算时按常规词语统计，如 Google（谷歌）和 FedEx（联邦快递），分别被视为单个、独立的词语。

就企业名称区别性称呼的词性和结构而言，从笔者随机抽查的我国 200 个企业的情况来看，直接使用一个名词的占比最大，达样本总数 200 的 36%（72 个），如"浪潮""长城""兄弟"；其次是"一个形容词 + 一个名词"，占样本总数的 20%（40 个），如"快客""小绿洲""新世纪"；再次是两个并排的形容词，占样本总数的 10.5%（21 个），如"久达""新丽""易捷"；接下来是两个并排的名词，占样本总数的 8.5%（17 个），如"港龙""天冠""越剑";还有单独使用一个形容词的情况,占样本总数的8%(16个),如"富丽""美好""远大";其余五种结构的区别性称呼每一种都比较少,五种一共才占样本总数的17%(34个)。也有少数企业区别性称呼的词类和结构比较特殊,例如"稳得福酒楼"中的"稳得福"的词性和结构是"副词+动词+名词";"5+2乐高创意中心"中的"5+2乐高创意"的词性和结构是"数学式+名词+名词";"茶不思青春食堂"中的"茶不思青春"的词性和结构是"名词+副词+动词+名词"。这些较为特殊的情况主要出现在餐饮、娱乐和体育运动等行业。

相较之下,英语国家的企业名称中的区别性称呼的词性和结构,在笔者随机查看的200个企业名称中,使用1个名词的最多,达105个,占样本总数的52.5%,如heritage、insight、community等;其次是使用2~4个名词的,有52个,占样本总数的26%,如Brook Street(布鲁克街)、A. O. SMITH(艾欧史密斯)、R. R. Donnelley & Sons(当纳利父子)等;也有使用一个形容词的,有25个,占样本总数比为12.5%,如commercial、imperial、general等;其中有的形容词是与说明行业、领域或企业性质等的描述性部分配合使用的,如United Healthcare(联合保健)、Intercontinental Hotels Group(洲际国际酒店集团)中的united和intercontinental。其余的类型共18个,占样本总数的9%,包括以名词所有格形式出现的词语,如Dillard's(狄乐)、McDonald's(麦当劳);"一个形容词+一个名词"或"一个名词+一个形容词",如Southwestern Bell(西南贝尔)、Lincoln National(林肯国民);两个用符号"&"连结在一起的形容词,如Peninsular & Oriental(半岛东方)。

在语义方面,因为我国工商行政管理机关对企业名称有不能使用带有不文明含义或色彩的词语等要求,且一般而言,企业对开头的地域名和末尾的组织形式的选择也很少（因为这些都是确定的或有一定的规范格式），所以可以自由发挥的只有区别性称呼和描述性部分，而且主要是前者。我国企业的区别性称呼比较喜欢选用表示卓越大气、吉祥如意、美丽漂亮、兴旺发达、先进现代等意思的词语。在笔者收集的200个包含区别性称呼的企业名称中，表示卓越大气的词语所占的比例是30.5%（61个），如"百能""大唐""太平洋"；表示吉祥如意的词语所占的比例是22%（44个），如"吉利""国泰""康利达"；表示美丽漂亮的词语所占的比例是17.5%（35个），如"幻彩""小绿洲""克丽缇娜"；表示兴旺发达的词语所占的比例是15.5%（31个），如"茂昌""裕隆""八达"；表示先进现代的词语所占的比例是7.5%（15个），如"新农""新时代""科立讯"；其余未包括在上面这几类之中的词语一共占7%（14个），如"兄弟""意多""蓝思"。显而易见，中国文化的几大心理特征在企业的区别性称呼中都表现出来了——审美大气、期望祥瑞、期盼发达等。

对比英语国家企业名称区别性称呼在语义方面的情况。笔者对200个随机抽样的实例进行语义分析和归类后，发现表示区别性称呼的名词和形容词表达的意义主要有8种，分别是：①人名（大多数为企业的创始人）；②宏大、雄伟、壮观；③企业的特征或特点；④联合、协作；⑤有益、舒适；⑥漂亮、诱人；⑦先进、新颖、标准；⑧其他。第一种是以人名为区别性称呼，占的比例最大，有77个，占样本总数的比例达38.5%，例如 Boeing（波音）、Chrysler（克莱斯勒）、Rolls Royce（劳斯莱斯）；第二种有38个，占样本总数的19%，例如 Paramount（派拉蒙）、Imperial（帝国/皇家）、Royal & Sun（皇家太阳）；第三种有33个，占样本总数的16.5%，例如 Twitter（推特）、Travelers、Prudential；第四种有12个，占样本总数的6%，例如 Allied、

United、Allstate（全国）；第五种有8个，占样本总数的4%，例如Comfort、PeaceHoliday；第六种有7个，占样本总数的3.5%，例如Garden、Park、Springhill；第七种有6个，占样本总数的3%，例如Standard、Best、New Era；其余无法归入上述7种的有19个，占样本总数的9.5%，例如Occidental（西方）、Bellsouth（南方贝尔）、National Westminster（国民西敏寺/威斯敏斯特）。可以看出，英语国家的企业名称的区别性称呼在语义表达方面有的与我国相似，如第二种表示宏大、雄伟、壮观的词语与我国企业表示卓越大气的称呼相近；第六种表示漂亮、诱人的词语与我国企业表示美丽漂亮的词语类似；第七种表示先进、新颖、标准的词语与我国表示先进现代的词语基本一致。不过，这些英语国家与我国企业语义类似的区别性称呼在调查的样本中所占的比例却有较大差异：我国企业表示卓越大气的词语占样本总数的30.5%，而英语国家企业表示宏大、雄伟、壮观的词语只占19%；我国企业表示美丽漂亮的词语占17.5%，而英语国家企业表示漂亮、诱人的词语仅占3.5%；我国企业表示先进现代的词语占7.5%，而英语国家企业表示先进、新颖、标准的词语仅占3%。在语义类似的这三种区别性称呼中，我国企业占样本总数的比例都远远大于英语国家的企业，说明我国企业在设计自己的区别性称呼时比英语国家的企业更加喜欢选用含有这些语义的词汇。

笔者对200个英语国家的企业名称中的区别性称呼的统计显示，英语国家企业有三种占比较大的区别性称呼在我国企业的名称中却并不突出。这三种是以人的名字充当企业的区别性称呼，用能够表示企业的特征或特点的词语做区别性称呼，用含有联合、协作等语义的词语做区别性称呼（通常为形容词，作为其后描述性部分的定语）。特别是用人名作为企业名称的区别性称呼，大都是企业创始人的名字，是英语国家企业的一大特色，占

200个企业名称样本的38.5%，远远超过其他类型的区别性称呼，例如 Hewlett Packard（HP）（惠普）和 Procter & Gamble（P&G）（宝洁）就分别是惠普（Hewlett Packard Development Company，L. P.）和宝洁（Procter & Gamble Co., Ltd.）这两个公司创始人的名字。这显然是西方社会崇尚个人、提倡个人主义的文化心理在经济领域的一个例证。我国过去以人的名字命名的企业也有不少，主要是以"某某氏"或"某某记"的形式出现，从保留下来的老字号还能看出这种痕迹。现在虽有如"袁隆平农业高科技股份有限公司""陈克明食品股份有限公司"等名称，但以人名命名的企业现在已经非常少了。由于地方社会文化传统的关系，我国港澳台地区以姓氏命名的企业相对要多一些，如"周大福香港珠宝公司""台湾灿坤实业股份有限公司""杨氏设计网络动画科技（澳门）有限公司"等。

英语国家的企业名字还有一个非常突出的特点，就是时常将名称省略到只剩下区别性称呼，不仅非正式场合如此，而且在正式场合和正式文体中常常也是这样，减缩后剩余的部分往往就是该企业的品牌和商标。例如 Marriott International Inc., Hotels（万豪国际酒店集团公司）被省略成 Marriott、The Boeing Company（波音公司）被省略成 Boeing、Paramount Pictures, Inc.（派拉蒙电影公司）被省略成 Paramount，三个省略形式就是这三个企业的品牌和商标。

我国企业名称中的区别性称呼还有一个特点，就是不用中文而使用英文，或企业名称中夹杂着英文区别性称呼，如"悦府 Refill 中国意境菜餐吧"、"MYFACE 美颜坊"、"英皇 UA 电影城"。有的店铺门牌上区别性称呼中英文兼而有之，而且通常是英文名在前、汉语名在后或英文名占主位、汉语名占次位，如 eifini 和"伊芙丽"（销售杭州意丰歌服饰有限公司品牌的时装店）、Cheers Cheese 和"干杯起司"（奶茶连锁店）、C. CcatCafe

和"猫咖"（咖啡店）。更有甚者，有的企业平时往往将地名和组织形式全都省略掉，只用其英文形式的区别性称呼作为企业名称，特别是服装、鞋袜、餐馆等店铺，都只使用英文作为店名，如 TITI（销售深圳云顶时装有限公司产品的时装店）、Elva island（销售杭州邦博服装有限公司产品的时装店）、Artinna & Co.（珠宝店）。省略或缩略常见于企业名称，主要有三种形式：第一种形式前面已经提到，就是省略地名和企业组织形式，只保留区别性称呼，如"酒鬼酒"（湖南酒鬼酒股份有限公司）、"七匹狼"（福建七匹狼制衣实业有限公司）、"意丹奴"（中山意丹奴服饰有限公司）；第二种是"地名+区别性称呼"，如"青岛海尔"（青岛海尔股份有限公司）、"贵州茅台"（贵州茅台酒股份有限公司）、"中国蒙牛"（中国蒙牛乳业有限公司）；第三种形式是取企业名称中的几个关键字组成一个词或词组来指代该企业，如"国泰人保"（国泰人寿保险股份有限公司）、"建行"（中国建设银行股份有限公司）、"康辉国旅"（中国康辉旅行社集团有限责任公司）。有些国企的名称中不含区别性称呼，因此，其省略的形式与前面两种有所不同，常见的方法是取地名的第一个字，再加上表示行业、领域或企业性质的描述性部分的第一个字，有时也会带上表示组织形式的简单词语，构成一个缩略词来指代企业，如"上汽（集团）"（上海汽车集团股份有限公司）、"中粮（集团）"（中粮集团有限公司）、"中石油"（中国石油天然气集团公司）。

我国企业名称的描述性部分大都不会省略，但也有一些例外。有些企业在其名称中会省去描述性部分，有的因为企业经营的范围广，如"万科企业股份有限公司""北京四通（集团）公司"；股份有限公司也常常省去描述性部分，如"珠海纳思达股份有限公司""潍坊歌尔股份有限公司""上海永乐股份有限公司"；集团公司也经常省去描述性部分，如"汕头琪雅集团有限公司""深圳京基集团有限公司""广东德赛集团有限公司";国际公司的名称省去描述性部分的现象也比较普遍,如"香港世引国际有限公司""信利国际有限公司""江苏汇鸿国际集团股份有限公司";有的比较特殊,将描述性部分与区别性称呼融合在一起,如"中国铁建股份有限公司""北京首钢股份有限公司""香港货拉拉公司",从这三个企业名称中的区别性称呼"铁建""首钢""货拉拉"不难看出它们的专业性质。

1.2.2 品牌/商标汉英语言和语用特征对比

短小精悍是品牌/商标语言的用字最大特点,因为这样才便于记忆,能即刻引起潜在消费者的注意。从笔者调查的我国200个品牌/商标样本来看,使用3个字和2个字的最多,共有133个,占样本总数200的66.5%;其中3个字的70个,占样本总数的35%,如"全球通"(通信)、"江船长"(食品)、"凯尔洛"(橡塑);2个字的也不少,有63个,占样本总数的31.5%,如"醉根"(酒店)、"中钢"(钢铁)、"泰格"(油墨)。其次是4个字的,共54个,占样本总数的27%,如"中国交建"(建筑)、"电建物业"、"聚美优品"(网站);再次是5个字的,有8个,占样本总数的4%,如"爱群大酒店""千岛湖啤酒""泓膏大闸蟹"。1个字和6个字以上的品牌/商标非常少,前者200个样本中仅有一例,即"播"(服装);后者也只有4个,如"美庭品位家居""特力和乐家居";两者加起来仅占样本总数的2.5%。再从词语的角度来看,使用2个词作为品牌/商标的数量最大,达到了106个,占样本总数200的53%,如"湖雪"(食品)、"生物谷"(药业)、"中山古典"(家具);使用1个词作为品牌/商标的占第二位,有67个,占样本总数的33.5%,如"天年"(保健品)、"欧米"(箱包)、"杜康"(酒类);使用3个词作为品牌/商标的有24个,占样本总数的12%,如"雪中飞"(羽绒服)、"美加净"(化妆、护肤品)、"行行行"(珠宝);使用4个词作为品牌/商标的一共只有5个,仅占样本总数的2.5%,如"聚美优品""金得利文具""爱群大酒店"。在笔者随机选择的这200个品牌/商标中,没有发现使用5个词语或以上的情况。使用单字词语作为品牌/商标的非常罕见,仅有一例,也就是上文统计字数时提及的"播"。不难看出,我国企业在选择与设计品牌和商标时对两个词情有独钟,这反映的汉语语用的一个特点也与下文即将讨论的品牌/商标的语言结构有很大的关系:许多由两个词构成的汉语品牌/商标都属于偏正结构。

在用词的数量方面,汉英品牌/商标的差异比较明显。我国企业使用一个词作为品牌/商标的有67个,占200个样本总数的33.5%,数量第二多;而英语国家企业的品牌/商标使用一个词(包括合成词、人名、地名等)的最多,达113个,占随机抽查的200个品牌/商标样本的56.5%,远远超过我国使用一个词的品牌/商标数量,如 Apple(计算机)、Microsoft(软件)、Landrover(汽车)。英语国家企业品牌/商标使用两个词语的第二多,共有40个,占样本总数的20%,如 Aussino Fashion(服装)、General Accident(保险)、Victoria's Secret(服装)。英语国家的企业品牌/商标还有另一个特点,就是比较喜欢使用生造词和拼凑词,这样的品牌/商标在200个样本中共有29个,占14.5%,如 Citigroup(金融,city 与 group 拼缀而成)、Fanta(饮料,源自 fantasy)、Umbro(服装,是两个人名的混合词)。这种情况在我国的品牌/商标中很少,属于极个别现象。使用词语的首字母缩写形式也是英语国家的企业品牌/商标的一个特点,在调查的品牌/商标中有16个,占样本总数的8%,如 GM(General Motors)、bp(British Petroleum)、AT&T(American Telephone and Telegraph)。英语国家的企业使用3个或以上词语作为品牌/商标的例子极少,200个样本中仅有2个,占样本总数的1%：Head and Shoulders（洗发露）、Eight O'Clock Coffee（八点钟咖啡）。

前文已经提到，在200个我国品牌/商标样本中，共有67个只使用了一个词（无论这个词由几个字组成），占样本总数的33.5%。在这67个品牌/商标中，使用名词的最多，有58个，占样本总数的29%，如"群星"（药业）、"曼妮芬"（服装）、"玛丝菲尔"（服装）；这58个单个词语中使用其他词类的很少，形容词只有6个，如"永久"（自行车）、"完美"（保健、保洁等）、"隆丰"（皮草）；使用动词的仅3例，如"联想"（计算机）、"爱慕"（服装）。在200个品牌/商标样本中，使用两个词或多于两个词的多达135个，占样本总数的67.5%。对这些品牌/商标词语内部的关系和结构进行解析，发现偏正结构使用最为普遍，有113个，占样本总数200的56.5%，如"快客"（便利店）、"好百年"（家具）、"佛山陶瓷"；主谓结构有10个，占样本总数的5%，如"好利来"（面点）、"狗不理"（食品）、"大杨创世"（服装）；并列结构只有6个，占样本总数的3%，如"嗒嘀嗒"（服装）、"行行行"（珠宝）、"巴拉巴拉"（服装）；动宾结构有4个，占样本总数的2%，如"爱美丽"（服装）、"爱城市"（服装）、"坚持我的"（服装）；另外还有2例特殊结构的，即"龙的"（电子产品）和"娃哈哈"（食品）。显而易见，我国企业更喜欢使用两个或以上的词作为品牌和商标，而且多为偏正结构。

英语国家的品牌/商标使用的词语在词性方面与我国的有同有异，相同之处表现在单个词语做品牌/商标的词性上：英语国家使用一个词（包括合成词、生造词、拼凑词、人名、地名、缩写式等）作为品牌/商标的共有174个，其中名词占绝大多数，共147个，占200个样本的73.5%，如Ports（服装）、Bentley（汽车）、Herbalife（保健品）、3M（矿业）。在我国67

个使用单个词语的品牌/商标中，有58个是名词，占样本总数的29%，虽说总数和占比都远远少于英语国家的品牌/商标，但在我国使用单个词语的品牌/商标中仍是占比最大的词类。使用其他词性的情况十分罕见，动词只有5个，占样本总数的2.5%，形容词仅2个，占样本总数的1%；前者如Rejoice（洗发液）、Safeguard（清洁产品），后者是Nationwide（保险）和Paramount（影视）。这一点与我国的品牌/商标相似。英语国家产品或企业的品牌/商标有时还会使用名词的所有格形式，如McDonald's（餐饮）、Dewar's（酒类），这在我国的品牌/商标中是没有的。英语国家产品或企业的品牌/商标使用2个或以上词语的数量大大少于我国，一共只有26个，在200个样本中的占比也大大低于我国，仅占13%。在这些词语中，只有2种结构，即偏正结构和并列结构；前者最多，有22个，占样本总数的11%，如Nu Skin（抗衰老产品）、London Fog（服装）、Urban Shock（服装）。后者很少，仅4个，占样本总数的2%，即Marks & Spencer（服装、食品）、Bristol-Myers Squibb（医药）等。

在品牌/商标的语义方面，我国有关工商管理部门有指导性的原则，如不能使用有悖道德规范、带有欺骗性质和民族歧视含义的字眼等。只要符合相关部门的要求，企业即可自由选择词语命名。从笔者调查的情况来看，我国企业品牌/商标的含义呈现出多样化的趋势，种类在8种以上，其中以展现企业产品或服务特色与特征、呈现产品的优良品质与性能或企业优秀形象这两种意义的品牌/商标数量稍多，前者是35个，在200个样本中所占的比例最大，为17.5%，如"趣香"（食品）、"爱婴岛"（儿童百货）、"爱恋珠宝"；后者也有33个，占样本总数的16.5%，如"巧帛"（服装）、"千里达"（自行车）、"美丽星辰"（美容）。接下来的两种含义，品牌/商标的数量相等，都是25个，占比均为总数的12.5%，一种是显示产品洋气、别致，另一种是地名加产品或服务性质。前者主要体现在"洋名"身上，如"苏泊尔"（餐具、炊具）、"欧神诺"（陶瓷）、"波司登"（服装）；后者如"金华火腿""淮安大米""广州酒家"。品牌/商标表达的第五种意义也相对较多，即展示一种雄伟壮丽、气势非凡的意境，有23个，占样本总数的11.5%，如"王子"（家用小电器）、"大亨"（剃须刀）、"皇上皇"（食品）。下面一种意义是"企业名称缩写式/区别性称呼+产品/服务性质"，数量是19个，占样本总数的9.5%，如"维维豆奶""先声药业""大王椰板材"。除了上面这些意义外，表示其他意思的品牌/商标数量都相对较少，包括展现企业的理念或愿景（12个，占比6%），如"思维"（卫浴）、"荣事达"（家电）、"众力力诚科技"；直接使用姓氏或地名（9个，占比4.5%），如"英氏"（食品）、"王老吉"（凉茶）、"红塔山"（烟叶）；展示产品的先进性或新颖性（6个，占比3%），如"新科"（电子）、"原创国际"（装饰）、"新格元素"（开发、咨询等）。无法归入上述意义的还有13个，一共占样本总数的6.5%，例如"熊猫"（汽车），是动物名称；"嗒嘀嗒"（服装），是拟声词；"我穿我衣"（服装），显示自我意识；等等。

英语国家企业设计的品牌/商标表达的语义相对集中一些，笔者在抽样选择的200个品牌/商标中一共只发现了四大类语义：①将姓氏或地名作为品牌/商标，②展现产品或服务的特色或特征，③呈现产品或服务的优良品质、性能或诱人之处，④展现产品或服务的非凡气势。在英语国家，第一类品牌/商标特别多，是数量最大的一类，有72个，占200个样本的36%，与我国企业同类语义的品牌/商标（9个，占比4.5%）形成了鲜明的对照，如Gillette（剃须刀）、Bing（搜索软件）、Paul Smith（服装、香水等）。品牌/商标表达的第二类语义也比较多，共有61个，占样本总数的比例为30.5%，数量与我国排名第一、表达同类意义的品牌/商标（35个，占比17.5%）相比多得多，如Microsoft（计算机软件）、Herbalife（保健品）、Aussino Fashion（服装）。第三类与我国含有相同语义的品牌/商标数量排名一样，都是第三，而且数目和占样本总数的比例都基本相等，前者分别为33%和16.5%，后者分别为34%和17%；如Supervalu（超市）、Best Buy（电器连锁店）、American Standard（卫浴）。第四类语义是展现产品或服务的非凡气势，有14个，占样本总数的7%，如Nike（运动服装、鞋）、Tide（洗涤用品）、Royal Salute（威士忌）。英语国家表示这类语义的品牌/商标的数量和占比远远不如我国的品牌/商标——我国这类品牌/商标数量有23个，占200个中文样本的11.5%，说明我国企业更喜欢用品牌/商标来展示或呈现自身的气势。英语国家也有一些品牌/商标表达的语义无法归入上面任何一类，如Coca-Cola（饮料）是植物的名称，Citigroup（金融）是企业运作地点加企业组织形式，Banana Republic（服装）原本含有一定政治色彩，但用作服装品牌/商标仿佛只是为了夺人眼球。

1.2.3 企业宣传口号汉英语言和语用特征对比

为了扩大企业的影响，增强企业及其产品的竞争优势，中外企业都会不遗余力地做好宣传工作，比较常用的方式就是在某些重要或关键的地方使用简洁明了的语言呈现企业的核心精神和观念，展示企业的重要性和突出特征，说明企业的服务理念和策略，等等。这些宣传口号通常出现在各类大众媒体之中，特别是企业官网首页的显著位置，让人一目了然，印象深刻，过目难忘。笔者分别调查了中国企业和英语国家企业常用的200个宣传口号，下面我们就对这些口号的语言和语用特点进行详细分析。

在字词的使用方面，随机抽查的200个中国企业的口号中，使用8个字的最多，有54个，占口号样本总数的27%，如"相信改变，创造改变"（上海国际集团）、"诚信，创新，卓越，分享"（浙农控股集团有限公司）；其次是使用20个字以上的，有32个，占样本总数的16%，如"我们要造世界最好的船舶；我们要做世界最好的船厂"（扬子江船业控股有限公司）、"追求卓越，打造具有国际竞争力的一流的现代流通企业集团"（浙江物产集团）；占比第三的是6个字和12个字的口号，都是22个，分别占样本总数的11%，前者如"好伙伴，大未来"（南京银行），后者如"服务客户，成就员工，回报股东"（江苏宏图高科技股份有限公司）；然后依次是使用18个字和7个字的口号，分别为12个和10个，占样本总数分别为6%和5%。其余24%使用的字数各不相同，包括5个字、10个字、11个字、14个字、15个字和17个字，每种都不超过4个口号。总的来看，宣传口号使用8个字是最常见的，而且8个字通常分为两个语段，前后各4个字，这与中文青睐四字用语的语言特点是分不开的。

与我国企业的宣传口号相比，英语国家企业的宣传口号在用词数量方面更不集中，使用10个以上、5个和4个词的口号相对较多，依次为36个、34个和32个，分别占随机抽查的200个英语国家企业口号的18%、17%和16%，如"Do it right, first-rate, top-notch, without a hitch and absolutely flawless."（美国捷运公司）、"For people in the know."（英国汤森路透公司）、"Your potential. Our passion."（美国微软公司）；其次是使用6个、7个和8个词的口号——使用6个词的有24个口号，占样本总数的12%，如"America's house of design since 1837."（美国蒂芙尼公司）；后两者口号数均为22个，均占样本总数的11%，如"Mortgage time? Let's do this remotely, together."（加拿大皇家商业银行）、"You press the button, we do the rest."（美国柯达相机有限公司）。其余15%的口号使用词语的数目就更加少了，如使用3个词的有12个口号，使用9个词的有10个口号，使用2个词和1个词的分别有6个和2个口号。如果将英语国家企业使用10个和10个以上词语的宣传口号与所有使用10个以下词语的口号相比，前者占样本总数的18%，后者加起来占82%，其中使用7个词以下的口号占比高达54%。据此可以看出，英语国家企业更喜欢比较短小的宣传口号。这一点与我国企业的情况类似：我国企业使用20个字及以上的宣传口号只占调查样本总数200的16%，而少于20个字的口号则占绝大多数，即84%，其中使用15个字以下的口号占比高达67%。如此看来，与英语国家的企业一样，我国企业在设计宣传口号时，也同样倾向于使用较少的字数。

　　从使用的句型上看，在200个随机抽查的我国企业的宣传口号中，除了10个是一般名词（词组）结构外，工整并列的成对词或句子的形式最多，有100个，占样本总数的50%，如"创业，创新，创优"（广东核电集团）、"行有道，达天下"（北汽集团）、"爱港敬业，团结协作，真诚服务，勇立潮头"（湛江港集团）。数量和占比第二位的是陈述句，共有84个，占样本总数的42%，其中带主语的陈述句有34个，无主语陈述句有50个；前者如"世界上没有永恒的加冕，只有永远的拼搏"（广东华凌集团）、"学会了画句号，你离胜利就不远了"（安徽古井贡酒股份有限公司），后者如"与合锻一起，智引你的未来"（合肥合锻智能制造股份有限公司）、"与其强调不能做的理由，不如一起思考能做的措施"（先登控股集团股份有限公司）。也有祈使句，如"让世界爱上中国造"（珠海格力电器股份有限公司），但数量很少，200个宣传口号中一共才出现了6次。总体来看，结构上工整排列字句是我国企业宣传口号的突出特点，无论这种排列是否属于严格意义上的对仗。

　　再看英语国家企业宣传口号的结构，在随机抽查的200个口号中，有多达52个直接使用了名词（词组）结构，占26%，远远超过我国企业的宣传口号同类型占比的5%，如"Leadership in extraordinary times."（美国西斯科食品批发公司）、"The power of all of us."（Ebay 电子商务网）、"Trusted advisors with years of experience."（美国哥伦比亚保健公司）。使用陈述句的口号特别多，总共 132 个，占比达 66%。其中，主谓完整的陈述句较多，有 86 个，占样本总数的 43%，如 "We make designing your dream kitchen easy and affordable."（美国共和工程工业公司）、"We're building today for a safe, more sustainable tomorrow."（美国通用汽车公司）、"We don't predict the future. We create it."（美国雷神公司）；主谓不完整的省略陈述句共有 46 个，占样本总数的 23%，如 "No business too small, no problem too big."（美国 IBM 公司）、"Transforming technology for 100 years."（美国安富利公司）、"Beyond petroleum."（英国 bp 石油公司）。虽然英语国家的企业使用祈使句做宣传口号的也不多，只占样本总数的 8%，但也比我国企业宣传口号使用的祈使句（占比 3%）多得多，如 "Live your best life!"（加拿大蒙特利尔银行）、"Let us quote you happy!"（爱尔兰特拉弗斯保险有限公司）。不难看出，英语国家企业和我国企业的宣传口号最大的共同点是大量使用陈述句（带主语和不带主语的），前者占比为 66%，后者为 42%；但从主谓结构来看，英语国家企业主谓完整的陈述句口号（86 个，占比 43%）要比我国企业句子结构相同的陈述句口号（34 个，占比 17%）多出两倍多，这充分展示了汉英两种语言在句法结构方面的巨大差异。英语国家的企业和我国企业宣传口号另一个比较突出的不同点是，我国企业很喜欢使用工整并列的成对词或句子作为宣传口号，占比达 50%，但这种类型的语句在英语国家企业的宣传口号中毫不起眼，这与两种语言各自的特点也不无关系。

在修辞方面，我国企业的宣传口号使用得相对频繁，在 200 个随机抽查的口号里共出现了 100 次，其中部分口号使用的修辞手法有重叠,即同一个口号使用了不止一种修辞手段。使用次数最多的是排比(字词数量和词性完全对应,意义相互呼应),有68次,占样本总数的34%,如"挑战距离,超越成功"(江西省邮政局)、"精品开拓市场,人品首创企业"(浙江金州集团)、"敬业,诚信;学习,创新"(本溪钢铁集团)。其次是暗喻,200个口号中共使用了22次,占样本总数的11%,例如"绿色华菱,绿色钢铁"(湖南华菱钢铁股份有限公司)、"愚公移山,产业报国"(河南豫光金铅股份有限公司)、"打造世界级医药企业,让生命之树常青"(人福医药集团股份有限公司)。企业宣传口号使用的其他修辞手法还有对照和双关,但次数都很少,前者有8次,后者仅2次。前者出现在"今天……,来日……""我们……,你们……"等结构中,如"今天工作不努力,来日尽力找工作"(南浔永大自行车公司);后者如"让世界一起联想"(联想集团)。

英语国家企业宣传口号使用的修辞手法相对要少得多,在随机抽查的200个口号中,仅仅出现了44次,还不到我国企业宣传口号使用修辞次数(100次)的一半。英语国家企业宣传口号使用最多的修辞手法是暗喻,共22次,占样本总数的11%,与我国企业宣传口号使用暗喻的次数完全一样,如"Leap ahead."(美国英特尔公司)、"The Citi never sleeps."(美国花旗银行)、"The legend rolls on…"(美国哈雷戴维森贸易有限公司)。使用第二多的修辞手法是对照,有14次,占样本总数的7%,例如"Your potential. Our passion."(美国微软公司)、"More rail life, less track maintenance."(英国不列颠钢铁公司)、"Preserving the past, engineering for the future."(美国俄亥俄兵工厂)。偶尔使用的其他修辞手法包括双关、提喻和头韵,各4次,各占样本总数的2%,双关如"Craftsmanship begins with Craft."(美国克莱夫特机器厂),提喻如"You press the button, we do the rest."

(美国柯达相机公司),头韵如"Innovation, insight, inside aerospace."(美国波音公司)。在修辞手法上,英语国家企业和我国企业宣传口号比较接近的是暗喻和对照:前者英语国家企业和我国企业的口号都使用了 22 次,后者英语国家企业的口号使用了 14 次,我国企业的口号使用了 8 次。其他修辞手法差别很大,如排比在我国企业宣传口号中使用多达 100 次,但明显的排比却并未出现在英语国家企业的宣传口号中;相反,出现在英语国家企业宣传口号中的提喻和头韵修辞法,也并未在我国企业的宣传口号中有明显表现。

最后来分析一下企业宣传口号所表达的语义。在笔者随机抽查的 200 个我国企业的宣传口号中,表达的语义可以归纳为以下几种。第一种,企业的精神或核心理念,有 78 个,占口号样本总数的 39%,如"专业,专注,致恒,致远"(中冶南方工程技术有限公司)、"开拓创新,领跑未来"(盛力科技股份有限公司)、"以人为本,绩效理念,团队精神,追求卓越"(浙江物产集团);第二种,企业的服务思想或方法,有 54 个,占样本总数的 27%,如"主动作为,客户第一"(江苏先声药业有限公司)、"我们测试设备,你们测试我们"(武汉豪迈电力自动化技术有限责任公司)、"我们一直致力于为热爱生活的人们提供安全、舒适的产品"(玉沙集团有限公司);第三种,企业追求或奋斗的目标,有 34 个,占样本总数的 17%,如"创中华民族品牌"(合肥合锻智能制造股份有限公司)、"致力成为最具投资价值和品牌影响力的上市公司"(江苏宏图高科技股份有限公司)、"做生态产业领袖,创世界一流企业"(中国林业集团有限公司);第四种,企业的特色或重要性,有 24 个,占样本总数的 12%,如"中华老字号"("中华老字号"企业)、"中国万达,世界万达"(中国万达集团)、"集科技开发、工业生产、对外贸易于一体的综合型化工集团"(安徽中元化工集团)。另外,还有少数宣传口号蕴含的语义没有上面这些口号那么单一，比较复杂，语句也比较长，属于综合型，抽查的200个样本中有10例，占5%，如"满足用户需求，提高创新能力，集成全球资源，崇尚人本管理"（上海汽车集团股份有限公司）、"彼此尊敬，相互同等，互惠互利，独特发展，诚信至上，文化经营，以义生利，以德兴企"（荣事达集团）。在第一个口号中，第一句"满足用户需求"表现的是企业的服务思想，后三句"提高创新能力，集成全球资源，崇尚人本管理"展现的是企业的精神和核心理念。在第二个口号中，前三句"彼此尊敬，相互同等，互惠互利"表现的也是企业的服务思想，后五句"独特发展，诚信至上，文化经营，以义生利，以德兴企"显然是企业的精神和核心理念。

在语义表达方面，英语国家企业的宣传口号与我国的基本一致，但各类语义在200个随机抽查的口号中所占的比例不尽相同。英语国家企业宣传口号表达最频繁的语义是企业的特色或重要性，多达80个，占40%，如"Supporting manufacturing in the UK."（英国不列颠钢铁公司）、"A leading, global premium content company."（美国维亚康姆传媒集团）、"The world's largest and most trusted third-party coin grading service."（美国钱币鉴定公司）；其次是企业的服务思想或方法，有56个，占样本总数的28%，如"Let us help you work smarter."（加拿大沃尔斯利机械集团）、"Our client's interest always comes first."（美国高盛投行）、"Wherever you go, we're here for you."（英国洲际国际酒店集团）；再次是企业追求或奋斗的目标，有32个，占样本总数的16%，如"Road freight：A journey to lower emissions."（英国皇家荷兰壳牌集团）、"We're building today for a safe, more sustainable tomorrow."（美国通用汽车公司）、"Together we will innovate and operate to make the world a better place for future generations."（美国波音公司）；排在第四位的语义是企业精神或核心理念，有30个，占样本总数的15%，如"Putting sustainability front and center."（英国英美烟草集团）、"It's only impossible—until you do it at Northrop Grumman."（美国诺斯洛普·格鲁曼公司）、"We care about sustainability."（美国最好食品公司）。英语国家的企业宣传口号把多种语义融合进连续的一句话里这样综合型的表达比较少见，抽查的200个口号中仅有2例，占1%，如"Our vision is to be the world's leading airline group, maximizing sustainable value creation for our shareholders and customers."（英国国际航空集团）——句子主干部分为our vision is to be the world's leading airline group，非谓语部分maximizing sustainable value creation for our shareholders and customers在补充说明企业奋斗目标的同时也阐明了企业的服务思想和理念。显而易见，在表达语义方面，英语国家和我国企业宣传口号最接近的是展示企业的服务思想或方法以及阐释企业追求或奋斗目标，前者在英语国家和我国企业的口号中所占的比例分别为28%和27%，后者所占比例分别为16%和17%，两者都十分接近。但是，在表达企业精神或核心理念和企业的特色或重要性这两个方面，中外企业的宣传口号差别明显，前者在我国企业宣传口号表达的语义中占首位，高达39%，而后者则在英语国家企业的口号中占比最大，达到了40%。

中外企业宣传口号还有一种语义也值得探讨，即口号中包含的个人主义和集体主义理念。如果以集体主义作为观察的角度，200个随机抽查的中国企业宣传口号的情况大致如下：明确体现或宣示集体主义理念的口号共有52个，占样本总数的26%，如"爱港敬业，团结协作，真诚服务，勇立潮头"（湛江港集团）、"合成力量，萃取精华"（浙江江山化工）；但是，明确表达这类语义的口号仅占英语国家企业的5%，只有10例，如"A global network united by a core philosophy."（澳大利亚新闻有限公司）、"Together we will innovate and operate to make the world a better place for future generations."（美国波音公司）。如果以个人主义作为观察的角度，情况则完全相反，明确体现或宣示个人主义理念的口号占英语国家企业宣传口号的20%，如"Every engineer has a story."（美国诺斯洛普·格鲁曼公司）、"It all starts with you. Your life. Your priorities."（美国银行）；但是，在我国企业的宣传口号中却很难找到明确宣示个人主义的例子，甚至像"今天工作不努力，来日尽力找工作"（南浔永大自行车公司）这种勉强接近的都寥寥无几。这一事实清晰地反映了中国和英语国家在文化和理念方面存在的一个比较重要的差别：中国文化提倡集体主义，而英语国家文化提倡个人主义。

1.3 三类用语翻译现状调查与分析

就目前情况来看，我国企业名称、品牌/商标和宣传口号的英译呈现出良莠不齐的状态。跨国型企业和知名大型企业通常翻译得比较恰当，而其他企业出现的问题比较多，有的问题还相当严重。下面笔者就根据收集到的资料对这三种用语的翻译中存在的问题进行详细的梳理和分析。

1.3.1 企业名称的翻译现状及分析

国家对企业名称的翻译没有硬性规定，企业可依据翻译的一般原则进行翻译并使用译名，不需要报国家工商行政管理机关核准登记。或因为如此，企业名称的英译五花八门、良莠不齐，因此问题也纷繁复杂。通过对随机抽查的200个企业英文译名的仔细梳理，笔者发现翻译企业名称的主要问题可以总结为以下几种。

第一种，企业名称中的区别性称呼或其他部分本可意译而使用了音译。这类问题共有42个，占200个样本总数的21%，如

Nanchong Zhen Shan Mei Pharmacy（南充真善美药房）、Nanhai Luocun Lianxing Jintong Sanitaryware Factory（南海区罗村镇联星金彤洁具厂）、Zhengzhou Haoxiangni Jujube Co.（郑州好想你枣业股份有限公司）。上例中的 Zhen Shan Mei（真善美）、Lianxing Jintong（联星金彤）、Haoxiangni（好想你）都是企业中文名称区别性称呼的音译，全都是拼音①，似乎欠妥。如此翻译会产生一个显而易见的问题：译名中拼音太多，译名太长，难读又难记，英语母语者无法理解，让人一头雾水。其实，如果将这些企业名称中的区别性称呼意译可能效果更佳，比如第一例中的"真善美"，其主要用意是展现药店的诚信，获取顾客对药店的信任，因此不必完全照字面意思翻译，可将其译为 Trust-Me，整个药店的英文名称就是 Nanchong Trust-Me Pharmacy。

第二种，用词不准或误用词语。这类问题共有 34 个，占样本总数的 17%，如 Nan'an Xinhua Warming Water Building Materials Factory（南安市新华水暖建材厂）、Hangzhou Lidu Technology Glass Co., Ltd.（杭州丽都工艺玻璃有限公司）、Ningbo Great Dragon Health Bath Tool Co., Ltd.（宁波伟龙淋浴设备有限公司）。第一例中"水暖"的译文 warming water 是不准确的，实际应该是 water-heating，而且在这个词后面加上 system 一词意义才完整。第二例中的"工艺玻璃"被译成 technology glass 也不对，正确的说法是 craft glass。第三例译文中的 health bath tool 也属于用词不准，应该译为 shower equipment。

第三种，漏译企业名称中原有的词语或随意增加原名中没有的意义。这类问题的数目与上一类相同，也是 34 个，占样本总

---

① 鉴于汉译英实情以及一般英语母语者对中文的认知，本书中所讨论的拼音实为基于拼音的音译，故均使用英文字母且未标出声调。——编者注

数的 17%，如 Broad Air Conditioning Changsha（长沙远大空调有限公司）、Elec-Tech International Co., Ltd.（广东德豪润达电器股份有限公司）、Liaoning Danyu Seed Science and Technology Joint-stock Co., Ltd.（辽宁丹玉种业科技股份有限公司）。第一例没有翻译企业名称中表示公司组织形式的部分，第二例既未翻译原名中的地名，也未翻译名称中的区别性称呼。这都是不规范的，除非是非正式场合，否则应该把企业的名称译全，比如第一例的译文应该加上表示组织形式的缩写 Co., Ltd., 全名即 Broad Air Conditioning Changsha Co., Ltd.。第三例企业译名中的 science 是多余的，"科技"一词译为 technology 就行了。

第四种，拼写或拼音问题。这类问题共有 28 个，占样本总数的 14%，如 Yue qing shi guang ben Electric Co., Ltd.（乐清市广本电器有限公司）、Chongqing Changan Automobile Company Limited（重庆长安汽车股份有限公司）、GANSUTIANXUN INFORMATION MEDIA CO., LTD（甘肃天讯信息传媒有限公司）。第一例译文中的 Yue qing shi guang ben 是"乐清市广本"的拼音，在英语中将"乐清市"写为 Yue qing shi 是极不规范的，因为城市名字的拼音中间是不能分开写的，应该连在一起，即 Yueqing；其次，译文中的拼音 shi（市）其实没有必要，因为翻译我国企业名称时通常不用将名称中的行政区划"省""市""县"等翻译出来，即使要译，这里也应将"市"译为 City 而不是 shi；再次，如果原名中的"广本"是指"广州本田"，译成拼音 guang ben 也不妥，应该使用其统一的说法——（Guangzhou）Honda。第二例译文中的 Changan 是原名中长安一词的拼音，Chang 和 an 之间没有用隔音符号"'"分开，会导致读者将其误读为 Chan 和 gan，应该使用标点对其进行正确的切分，即 Chang'an。第三例的译文全部是大写，本身就较难辨认，再把地名 GANSU（甘肃）和区别性称呼 TIANXUN（天讯）紧紧拼连在一起，如此更是一团乱麻，给人识读造成极大的困难，实为不妥，应该分开拼写。

第五种，企业名称中区别性称呼的英文词语意义不明，共有24例存在这样的问题，占样本总数的12%，如 Malog Sanitary Ware Co., Ltd.（开平名浪卫浴洁具有限公司）、Foshan Imeiss Glass Sanitary Ware Factory（佛山市意美斯玻璃洁具厂）、Tianjin Tanhas Technology Co., Ltd.（天津市天海同步科技有限公司）。第一例译文中的 Malog（名浪）、第二例译文中的 Imeiss（意美斯）、第三例译文中的 Tanhas（天海）这三个英文生造词没有明确的语义，跟中文原词的意义毫不相干，也看不出与这些企业的性质或特征有何联系，正面的语义也不明显，不知译者究竟想用这些词语表达什么意思，它们只会给英语使用者一种莫名其妙的感觉。另外，第二例 Imeiss 的第二个音节 -meiss 看起来和听起来都容易与贬义词 mess 混淆，更不可取。虽然翻译企业名称中的区别性称呼时允许生造词语，但生造的词语最好能让目标语的人产生一定的联想，而且这种联想最好与原名里区别性称呼的意思或该企业的性质或特征有一定的联系，或者至少具有某种正面的含义。以这三例中的第一例为例，如果把"名浪"译为 Famelong、Melong、Myland，都比 Malog 要好。

第六种，机械直译，文理不通，属于"中式英语"。这类例子共有16个，占样本总数的8%，如 Nanjing Gas Penetration Rainbow Supermarkets（南京气贯如虹超市）、Jiamusi City Centrality Shops King of Kings（佳木斯中心铺王之王）、All of them are beef and mutton（锡盟上都牛羊肉［馆］）。第一例和第二例基本上是逐字翻译，是彻头彻尾的"中式英语"，读起来十分别扭，对母语为英语的人来说幼稚可笑。第三例虽然语句本身没有语法问题，但词不达意。事实上，"锡盟"是我国内蒙锡林郭勒盟的简称，"上都"是该盟的一个镇，即"上都镇"，因牛羊肉品质好而出名，所以以此命名的店铺无论开在何处，其名都可译为 Shangdu Beef and Mutton，实际地名可以置于整个名称之后（加或不加括号均可），如 Shangdu Beef and Mutton（Hohhot）（呼和浩特［锡盟］上都牛羊肉馆）。

第七种，译文累赘，违反英文常规。这类问题共有 8 个，占样本总数的 4%，如 Guhezhou Group Co., Ltd. Systems Incorporated（古河州酒业有限责任公司）、Liaoning Danyu Seed Science and Technology Joint-stock Co., Ltd.（辽宁丹玉种业科技股份有限公司）。第一例译文中的 Systems Incorporated 是多余的，属于画蛇添足。第二例译文中的 Science and Technology 翻译得比较累赘，而 Joint-stock 又是不必要的，整个名称翻译为 Liaoning Danyu Seed Industry/Techonology Co., Ltd. 就可以了。

最后一类是上述问题的混杂，这类问题共有 14 个，占样本总数的 7%，如 Sichuan Jianyang Sichuan Machin-ery Manufacturing Co., Ltd.（四川省简阳市川力机械制造有限公司）、Henan weihui municipal xin agricultural machinery factory（河南卫辉市鑫农科机械厂）、Ying ji's sweet Refreshments（英记糖水店［开平］）。第一例译文里有两个问题：一是在 machinery 一词的中间错用连字符号将音节分开；二是区别性称呼"川力"译为 Sichuan 不妥，因为这样与前面的地名发生了重合，所以最好意译为其他词语，如 vigar、strongly 等。第二例至少存在三个问题：拼音和英语词语的格式、用词、区别性称呼的译法。其一，城市名"卫辉"的拼音首字母没有大写，应该写为 Weihui；其二，"卫辉市"中的"市"被译为 municipal，是多此一举，即使要译，通常也是译成 City；其三，区别性称呼"鑫农科"被译为 xin agricultural，不但没有大写，而且是典型的"中式英语"，不妨将其译为 New Agro-technology。第三例至少也有两个问题：一是名词 sweet 的第一个字母没有大写；二是区别性称呼"英记"

的译法不符合常规，正确的译法是 Ying's，原译文中的 ji 是多余的。

1.3.2 品牌/商标的翻译现状及分析

关于品牌和商标的外译，我国工商管理部门除规定不得将他人的商标翻译过来作为自己的商标使用外，并无更为具体的禁令，加之译者外语水平有限、对外国文化不够了解、缺乏严肃认真的翻译工作态度原因等，导致品牌和商标翻译出现乱象。在笔者随机抽查的 200 个品牌/商标中，发现至少有六种问题与翻译相关，下面一一列举讨论。

品牌/商标汉译英中出现频率最高的问题是用词不妥，有违语用、文化规范，共有 74 例，占 200 个样本总数的 37%，例如 SOSO（衣橱——服装）、Mind Fang（心意坊——糕点）、Huangcheng Beeffat（煌城肥牛——连锁餐馆）。第一例把衣橱品牌译为 SOSO，而 so-so 这个词在英语里的含义是"一般、勉强过得去"，所以这样翻译会让英语使用者产生不愉快的联想，因此是不可取的。第二例是意译和音译的结合，把"心意"译成 Mind 是意译，把"坊"译成 Fang 是音译，而问题就出在 Fang 这个音译词上——英语中碰巧有一个词与这个词同形（虽然不同音），可是意思不太好，是"尖牙利齿"和"毒牙"的意思，带有明显的贬义，因此，这样译也容易引起不快的联想，不利于商品的推销。第三个品牌中的"肥牛"被译为 Beeffat，是"牛油"或"牛脂肪"的意思，译文意义与中文原义并非一码事，而且 fat 在当今社会中不但不能吸引食客，反而会让人避而远之，所以这样翻译也是有问题的。把动物和植物名称作为品牌或商标翻译有时也可能导致语用问题或文化冲突，因为动植物在中英语言和文化中往往有不同的寓意，有时寓意甚至截然相反，比如我国对外贸易中曾经因为将含有"蝙蝠""孔雀""白象""喜鹊""乌龟"等动物名称的品牌/商标分别直译成 bat、peacock、white elephant、magpie、tortoise 等英语词语而导致产品滞销的情况发生，因为这些词语在英语中往往带有贬义。

频率第二高的问题是拼音和拼写问题，这跟企业名称翻译出现的一类问题如出一辙，一共出现在72例中，占样本总数的36%，如 Wuhan reganmian（武汉热干面）、NEWBAILUNLP（新百伦领跑——运动鞋服）、Yi De Jia Xing（懿德嘉行——婴儿照护中心）。第一例将"热干面"直接音译为 reganmian 显然不妥，因为意译效果更好，比如译为 Hot-and-Dry Noodles。第二例将译文全部拼写在一起，所有字母大写，让人难以分辨，因此也很难记住，对品牌宣传不利，最好将几个相对独立的部分分开来写，如 NEW BAILUN LP。第三例 Yi De Jia Xing 是品牌"懿德嘉行"的全音译，而且每个字的拼音都分隔开，显然不恰当，最好全意译或一半意译一半音译，根据品牌所代表的服务的性质可将其译为 Super Care 或 Yes-and-Joy。

排在第三位的问题是生硬直译或表达烦琐，共42例，占样本总数的21%，如 I like my selection（我形我塑——服装）、Between grass clothing（草衣间——服装）、Better Agri-products from Liaocheng（聊胜一筹——农产品）。这几个例子都是生硬直译，又长又烦琐，甚至可笑。第一例品牌原名"我形我塑"是一个四字结构，在中文里作为品牌或商标都不成问题，但译成英语后变成了一个句子，这就弄巧成拙了，因为在英语里把一个完整的句子作为品牌或商标十分罕见。第二例是典型的"中式英语"，"草衣"被逐字译为 grass clothing，令人捧腹，整个译文 Between grass clothing 一点美感都没有，是比较失败的翻译。第三例的品牌利用了中文成语"略胜一筹"，将其改为"聊胜一筹"，汉语很有创意，但翻译成英语却成了一个普通而冗长的短语 Better Agri-products from Liaocheng，根本不像一个品牌或商标，因此也是一个很不理想的译文。笔者平时也看到过其他相类似的翻译问题，像 A Natural Fit and Comfort（宜而爽——纺织品）和 Mind Acts upon Mind（心相印——卫生纸）等品牌/商标的译文也是如此，译文用词太多，语段过长，不适宜用作英语品牌或商标。

品牌/商标汉译英另外两种出现频率较小的问题是含义不明或中英文混为一谈，共 12 例，占样本总数的 6%，如 Somofa（什木坊——木门、衣柜）、Yuan's Chuan Chuan Xiang（袁记串串香——火锅连锁）。前一例可能是模仿"什木坊"的发音译出来的，但又不是完整的拼音，在英语中也找不到这个词，其拼写和发音都不能使人联想到木门或衣柜，如此翻译令人费解。第二例中的 Yuan's 是英语名词的所有格的标准形式，按理说它后面也应该是英语词语才协调，但接下来却是"串串香"的汉语拼音，非常奇怪。其实，如果将"串串香"译成 Skewered Delicacies 应该是可行的，这样这一品牌的全称就是 Yuan's Skewered Delicacies。

另外，按英语国家的习俗，通常会避免直接将现成的词语用作为品牌/商标，将一个词作为品牌/商标时更是如此。但笔者在收集的样本中却发现，我国不少品牌和商标就是这样翻译的，如 Peak（匹克——福建匹克体育用品有限公司品牌）、Arrow（箭牌——佛山乐华陶瓷洁具有限公司品牌）、Prince（王子——上海真博电器有限公司小型家电品牌）、Violet（紫罗兰——江苏家用纺织品品牌）。不过，这样的译名究竟算不算是有问题还应具体问题具体分析。一般来说，如果一个品牌/商标的英文译名在国外已经广为人知而且销路很好，那么即便使用了一个普通的英文词做品牌或商标，也不成问题了；但新的、在国外名不见经传的品牌或商标还是尽量不要使用普通的英文词语来翻译，否则可能会事倍功半，对打开销路不利。

1.3.3 企业宣传口号的翻译现状及分析

笔者收集的国内企业宣传口号主要来自相关企业官网的首页、企业在各类媒介所做的长期宣传广告等处，内容涉及企业精神或核心理念、企业发展和运作方法或策略、企业追求或奋斗目标、企业服务思想、企业特色或重要性等。企业宣传口号有长有短，翻译中出现的问题也比较复杂，但为了研究方便起见，笔者把随机选择的200例口号汉译英出现的问题归为五类，下面就对这五类问题进行详细的分析和阐释。

国内企业宣传口号汉译英出现最多的问题是生硬直译，语句或/和意义混乱，大都为中式英语或带有翻译腔，数量多达94例，占200个样本总数的47%，如"Dress up half of the sky, substantial every day."（扮靓半边天，实惠天天。——天然芳香科技有限公司）、"The farmers' laughter from Yangfeng fertilizer."（农民的欢笑，来自洋丰肥料。——新洋丰肥业）、"The stable and reliable operation, The quality of production strict requirements."（运行稳定可靠，严格的质量生产要求。——华联兄弟科技）。第一例的译文在英语中是祈使句的形式，与中文原句的核心意思距离较大，是典型的中式英语；后半部分substantial every day在句法上与口号前半部分难以联系在一起，而且substantial一词的意思与中文口号中"实惠"一词表达的意思也相去甚远，因为这里的"实惠"是指 a good buy 或 a good bargain。第二例的译文在英语中的意思是"来自洋丰肥料的农民的笑声"，不但没有准确地表达中文的原义，而且意思有点让人摸不着头脑。翻译这个口号的时候最好灵活一点，没有必要拘泥于原文的字句，把原文"农民因为购买和使用了洋丰肥料获得丰收而非常高兴"这个中心意思表达出来才是关键。第三例的问题首先是译文用逗号隔开的两个部分的意义之间缺少联系，其次，第二部分的 the quality of production 和 strict requirements 两个名词短语如此排列更是有悖常规，使整个意思混淆不清，如果改为 strict requirements for the quality of production，至少语序更加规范，表达的意思也明了多了。

占比第二大的问题是整个口号的译文与原文内容错位，有 40 例，占样本总数的 20%，如 "Happy life of the creator."（幸福生活的创造者——恒邦冶炼股份有限公司）、"Service is the effectiveness of seed; quality is the effective protection!"（服务是效益的种子，质量是效益的保障。——亿瑞管道有限公司）、"Stand firmly in Shanghai; orient to east China; expand overseas market; be strong and better."（做精上海，做强国内，做优海外。——上海电力股份有限公司）。第一例的译文把原文的意思完全译反了，应该译为 "A creator of happy life." 才对。第二例译文的两个分句都没有准确翻译出中文口号的原意：第一个分句也是把意思译反了，而且用词不准，最好译为 good service brings good gains；第二个分句里的 effective 和 protection 两个词都用错了，可以改译为 quality guarantees profits。第三例的译文虽然在句式上与原文一致，都是三个小分句，但是每个分句的含义都与口号原文有出入："做精上海"是在上海做得更优秀的意思，但 stand firmly in Shanghai 却是在上海站稳脚跟的意思；"做强国内"是说在全国变得更加强大，但 orient to east China 却是发展到华东的意思；"做优海外"意指在国外做得更好，但 expand overseas market 却是扩大海外市场的意思。虽然翻译允许一定的灵活性，但这种全然不顾原文或随意改变原文意义的操作方式未免有些过头——源语文本和目标语文本所表达的核心或基本意思应保持一致为好，除非是因为文化问题而导致"很难译"或"不可译"的情况。

占比第三大的问题是译文中的某些词语使用不当，有 26 例，占样本总数的 13%，如 "Righteousness, atmosphere, vitality, ambition."（正气、大气、朝气、志气——贝斯特数控机械有限公司）、"Revitalize national industry and walking in the forefront of the international."（振兴民族产业，走在国际前沿。——凡贝尔玻璃钢工艺有限公司）、"Carry forward the lighting culture and pursue the civilization for the society."（弘扬照明文化 为社会追求文明。——信远照明工程有限公司）。第一例译文中的 righteousness、vitality、ambition 三个词都还选得不错，较好地传达了口号中"正气""朝气""志气"三个中文词语的含义；但是用 atmosphere 来翻译"大气"却闹了个大笑话，因为这个口号中的"大气"可不是指围绕地球的气体，而是指胸怀宽广，所以应该译成诸如 broad-mindedness 这样的词语才准确。第二例译文中的 walk 和 international 两个词语的选择是有问题的，用 walk 来表达"走在国际前沿"中的"走"气势太弱，应该选用 march、advance 这些较有气势的词语，而且为了保持话语前后结构一致，应该使用动词原形而不是现在分词。虽然 international 一词确实可以用作名词，但一般指国际组织（包括企业）、国际体育比赛、国际体育比赛选手或外国人，在此处意思都不适合，因为本句想要表达的是"全世界"的意思；这个口号的译文后半句如果改为 march in the international forefront 会好一些，如果译为 take the lead in the world market 或许更佳。第三例中的 carry forward 和 civilization 是分别转译原文口号里的"弘扬"和"文明"，意义定位并不准确，因为英语短语动词 carry forward 的意思准确地说是"接续、传承"等意思，与"弘扬"还有点距离；如果选择 enrich、promote 这样的词语应该更恰当。这个口号中的"文明"用 civilization 来转译用词太大，其实用 development 更适合这里的语境，但使用 pursue 与 development 搭配不太妥当，可以将口号的后半部分 and pursue the civilization for the society 改为 for the development of the society。

企业宣传口号翻译的另一个问题是语句结构不合常规，有24例，占样本总数的12%，如"Customer first; people-oriented; inheritance and innovation."（顾客至上，以人为本，传承创新。——东方国际创业股份有限公司）、"Support each other to overcome the challenge; working together to create a better future."（相互扶持，才能克服挑战；团结协作，才能共创未来。——富思特集团）、"To do with the same offer a love."（同做公益人，同献一片爱。——胜利精密制造科技股份有限公司）。第一例译文中的 customer first 是一个短语，people-oriented 是一个形容词性的合成词，而 inheritance and innovation 是两个并列的名词，三个部分的结构都不一样，使译文在结构上显得不伦不类，与原文口号工整的四字结构相去甚远。既然译文也分为三个部分，那这三个部分最好也要整齐划一，如果使用名词短语，便都应该用名词短语，如果使用形容词（词组），便都应该用形容词（词组），尤其不能使用多种语法结构，违反英语语法结构的基本规范。第二例译文的问题相对要小一些，主要是两个分句开头的动词词形不合拍，support 是动词原形，而 working 是动词现在分词形式；从句型的角度看，两个词统一使用动词原形或现在分词形式都可以，但是意思稍有不同：使用动词原形就是祈使句的形式，使用现在分词就是陈述句的省略形式——前者相当于号召，而后者是说明一种状态，应该根据需要强调的意义取舍。第三例译文的句子结构就错得比较严重了——to do with the same 和 offer a love 两个动词结构强行组合在一起，而且将不定冠词 a 随意放在抽象名词 love 的前面，导致整个口号的意思含混不清，一点也看不出中文原文表达的意义。原口号中的"公益人"其实就是英文中的 volunteer，而口号中的"爱"也不一定非得翻译成 love，可以译为 care。这个口号或许可以这样翻译："Let's work together to offer the world more care."。

在企业宣传口号的翻译中，笔者发现的最后一个比较突出的问题是语法错误，有 16 例，占样本总数的 8%，如 "Heading for new journey of harmony."（驶向和谐新旅程——广深铁路股份有限公司）、"Become the diversified development of a first-class international trade enterprises."（成为多元发展的一流国际经贸企业——国泰国际集团国贸股份有限公司）、"LAB not only provide product but also create value for partner."（立业不但为您提供产品，而且为您带来价值——立业卫浴工业有限公司）。第一例译文只有一个较小的语法问题，就是 new journey of harmony 前面缺了不定冠词 a。其实，与使用冠词相关的失误在口号的翻译中比比皆是，且错误形式多样，比如该用处未用或不该用处使用，或者定冠词和不定冠词混用。第二例译文中最明显的一个语法问题是将表示单数的不定冠词 a 与复数名词 enterprises 搭配使用，第二个问题是 diversified development 和 a first-class international trade enterprise 这两个短语的顺序反了，应该调整为 a first-class international trade enterprise with diversified development 才对，或缩减成 a first-class diversified international trade enterprise 也是可行的。第三例译文中有好几个语法问题，第一个是动词 provide 和 create 本该使用第三人称单数形式但是没有用，第二个问题是名词 product 和 partner 本该使用复数形式但却使用了单数形式，第三个毛病是 partner 的前面缺少一个所有格代词 our。语法如此错误百出的译文不但不能打动受众，反而可能令其"敬而远之"。

与企业名称和产品的品牌/商标相比，企业宣传口号通常都长得多，结构也复杂得多，所以翻译中出现问题的频率也高得多。除了上面讨论的这些问题外，还可能出现一些其他类型的问题，包括社会文化因素造成的问题。中国文化属于集体主义文化，企业的宣传口号自然也会表现出这种倾向，如果译者直截了当地将表达这种意义的宣传口号转译进崇尚个人主义的西方文化，其宣传效果就可能会大打折扣，甚至起反作用，因此，在企业宣传口号翻译中就此进行必要的调整甚至改写就成为无可奈何的事了。

1.4　三类用语翻译的基本原则和路径

首先，虽然企业名称、品牌/商标、宣传口号这三类用语都属于商务语言，都或明或暗带有一定宣传或诱导的目的，但是，它们也具有各自的性质和特点。企业名称的主要功能是将自身与本行业的其他企业区别开来；品牌/商标除区别性功能外，鼓动和吸引消费者的目的显得更为重要；企业宣传口号根据内容所指不同具有不同的目的，有的是树立企业的形象，有的是推销产品，有的是激励或鞭策企业的员工，等等。三种用语的语言特征也各不相同，如企业名称和品牌/商标通常均为名词短语，但后者一般比前者短；企业宣传口号的语言结构灵活多样。认清三种用语的上述基本特征对有的放矢地开展翻译工作非常重要。

其次，在着手翻译之前，很有必要了解目标语文化的基本情况，包括整体文化趋势、价值取向、消费心理、审美标准、风土人情等，特别是文化禁忌。翻译中要充分利用目标语文化的相关文化因子，尽量做到"入乡随俗"，同时注意其文化禁忌，极力避免使用让目标语文化消费者忌讳或者反感的字眼。三种用语中，品牌/商标、宣传口号与文化的关系显而易见，企业名称中的区别性称呼也常常会牵涉文化因素。也正是因为源语文化和目标语文化的差异，三种用语翻译的过程中都会碰到"很难译"甚至"不可译"的情况，这时就需要灵活变通，根据源语文本的基本意思、语言功能以及行文的目的进行创造性的翻译，以便达到与原文完全或基本一致的效果。翻译过程中对文化因素处理得当就能够取得事半功倍的效果，而处理不当，轻者导致译文滑稽可笑，重者有可能给企业造成难以挽回的经济损失。因此，关注文化问题在三种用语的翻译中是必不可少的重要一环。

除了文化差异，由于汉语和英语总体上分别属于意合与形合语言，因此在语言的各个层面也存在较大差别，如词语的内部构造和外部构架、句法结构、衔接与连贯、修辞方式等都存在不同程度的差别。在翻译汉语这三种商务用语的具体词句时，这些差异都可能给译者造成一定的困难，这就需要译者根据汉英两种语言的异同，对语言的结构加以必要的调整，使译文符合英语的常规和表达习惯。如果翻译时能够在保留其形式的同时准确而巧妙地传译原文的意义，即神形兼备，当然最好，但如果无法达到这样的境界，就应该以实现源语文本的功能和目的、传递其基本或核心意义为重，不必拘泥于原文语言的形式，因为就这三类用语来说，"意美"与"形美"相比显然更为重要（许渊冲，2006：81）。

许多语用学理论和翻译理论对这三类用语的翻译都有一定的指导意义，如国外学者创建的语用关联论（Sperber & Wilson, 1986）、语用顺应论（Verschueren, 2000）、功能（动态）对等论（Nida, 1964）、目的论（Reiss & Vermeer, 1984）等，还有我国学者提出的信达雅（严复，《天演论·例言》）、神似与形似（傅雷，《致林以亮论翻译书》）、三美（意美、音美、形美）（许渊冲，1984，2003）、生态翻译论（胡庚申，2008）等理论或翻译观。就三种用语的功能、语用目的和语言特征而言，又以功能/动态对等论、目的论和翻译三美论这三种理论对其翻译过程的指导最为直接。除理论运用外，还有其他一些方面也应引起译者的注意，其一是翻译任何一类用语前都要仔细查询有关资料，看是否存在已有的并已被目标语国家或地区公众熟知和接受的译文，因为著名企业、名牌产品以及企业的宣传口号可能已经通过其他译者或渠道传播到国外。其二，要避免三种用语的译文与目标语国家或地区当地企业、品牌/商标以及企业宣传口号偶同或相似,以避免在向该国或该地区申报或进入时遇到不必要的麻烦。其三,开始翻译前或翻译过程中碰到无法解决的问题时,应该咨询企业的相关人员,了解企业设计这些用语的初衷和真正用意,做到万无一失。如果存在法律方面的问题,还要请教律师或法律专家。如果译者本人不是搞商务的,往往也有必要就相关问题询问商务人士。另外,如果译者的专业不是翻译,提交译文之前最好能找翻译专业人员审读一下自己的译作。

1.4.1 企业名称翻译的基本原则和路径

除了少数例外情况,我国绝大部分企业名称的完整结构包括四个部分,即地名或国名、区别性称呼、描述性部分、企业组织形式。通常情况下,地名/国名、描述性部分和组织形式需按常规翻译,但区别性称呼的翻译方法灵活多变。当然,这里说的"按常规"翻译,也是一种粗略的说法,因为即便是相对固定的地名/国名、描述性部分和组织形式,在翻译时也存在不少例外情况,有时也需要有所变化。

先说地名/国名的翻译。我国企业名称中的地名大多数为城市或省份的名字,部分国企和大型民企挂国名的也不少。企业名称中的地名/国名译成英语后与中文名称一样一般也是置于名称的首位,偶尔也可以放在企业名称的中间甚至末尾。城市和省份名通常按现行汉语拼音翻译,如 Shandong Gold Mining Co., Ltd. (山东黄金矿业股份有限公司)、Zhongzhou International Hotel Management Group(中州国际酒店管理集团)、Jiya(Langfang) Electronics Co., Ltd. (冀雅(廊坊)电子股份有限公司)。但是,挂有国名的一般不会译成拼音 Zhongguo,而是译成英语词 China,也有译为 Chinese 作定语或译为 Sino-后再与其他词语合二为一的,如 China Electronics Corporation (中国电子信息产业集团有限公司)、Aviation Industry Corporation of China (中国航空工业集团公司)、SINOCHEM Group(中国中化集团公司)。另外,翻译我国少数民族地区企业名称中的地名时,可以使用当地少数民族语言的传统发音和拼写形式的,如 Urumqi Zhengda Animal Husbandry Co., Ltd. (乌鲁木齐正大畜牧有限公司)、Altay Sunshine Trading Co., Ltd. (阿勒泰市金阳光商贸有限责任公司) Ulanhot Iron and Steel Co., Ltd. (乌兰浩特钢铁有限责任公司)。只要企业名称中含有地名,正式场合和书面形式就应该翻译出来而不能省略。至于非正式场合或语境中是否需要使用包括地名在内的企业完整译名,要视情况而定,如果语境非常清晰时,是可以省去不用的。

在我国,除了部分国企和少数大型民企外,区别性称呼是绝大多数企业名称有别于本行业其他企业的基本标志,也是企业名称中变化最多的一部分。企业会从不同的角度、根据不同的寓意设计本企业名称里的区别性称呼,而且往往与本民族的文化和审美心理密切相关,这就给翻译企业名称的译者带来不小的困难。翻译区别性称呼时,译者可能首先会在音译和意译的问题上犹豫不决,甚至做出错误的选择。一般情况下,最好采用意译或音意结合的方式翻译区别性称呼,有时也可以直译,较长的区别性称呼更应如此,不到万不得已不要直接使用汉语拼音进行翻译。采用意译或音意结合的方式翻译的最大好处之一是,可以有效地避免企业名称中的拼音过多、过长,解除英语本族语者面对过长汉语拼音时的疑惑。如"辽宁柏慧燕都食品有限公司"中的区别性称呼"柏慧燕都"译为 Bywav 或 Bywisdom 都比译成拼音 Baihui Yandu 为好,因为如果直接将其转写为汉语拼音,该企业的英文全称就是 Liangning Baihui Yandu Food Co., Ltd.,冗长的拼音使企业的英文译名晦涩难懂。同理,"南充真善美药房"中的区别性称呼"真善美"如果译为 Trust-Me 或 Genshine 也比译成 Zhen Shan Mei 好,因为英语中 Nanchong Trust-Me Pharmacy 和 Nanchong Genshine Pharmacy 不但读起来比 Nanchong Zhen Shan

Mei Pharmacy 顺口得多，而且都能看出有一定的含义且易懂易记。还有一点也要注意，如果企业名称中的区别性称呼与该企业的（某一）品牌/商标相同，那区别性称呼的译文就应该与该品牌/商标保持一致，而不应另起灶炉译为完全不同的词语。例如，"杭州娃哈哈集团有限公司"中的区别性称呼"娃哈哈"与该企业的著名品牌"娃哈哈"（Wahaha）完全一致，因此也应该译为 Wahaha，则该企业的英文全称就是 Hangzhou Wahaha Group Co., Ltd.；又如，"上海太太乐食品有限公司"中的区别性称呼"太太乐"与该企业的品牌"太太乐"（Mrs. Le）一模一样，因此，区别性称呼也应该译为 Mrs. Le，这样该企业的英文全称就是 Shanghai Mrs. Le Food Co., Ltd.。

企业名称中的组织形式看似简单，其实也隐藏着许多复杂情况。最常见的企业组织形式有 company、corporation、holdings、group 等，其中 corporation 通常指具备法人资格的公司，corporation limited 和 company limited 均可以指有限责任公司和股份有限公司，holdings 指控股公司，group 指企业集团（公司），group limited 指"集团有限公司"，company 一词的意思更广泛一些，除了可以用来表示上述形式的公司外，也可以指任何形式（包括不具备法人资格的公司）、行业和规模的公司。翻译企业的名称时，应根据每一个企业的具体情况选择不同的词语加以表达。如 Shenzhen Flourishing Electronic Company Limited（深圳茂昌电子有限公司）、China Mobile Communications Corporation（中国移动通信集团公司）、China Agri-Industries Holdings Limited（中国粮油控股有限公司）、China South Industries Group（中国南方工业集团［公司］）。另外，笔者在本章 1.2.1 中曾提及，除了上述几个常见的表示企业组织形式的词语外，英语还经常使用其他一些说法表示不同行业和不同类型的企业或公司，如 firm（公司、商行）、concern（企业）、partnership（合伙企业）、

transnational（跨国公司）、works（工厂）、foundation（基金[会]）、institute（学院、研究院）、association（协会）、union（联盟）、laboratory/laboratories（实验室）、agency（代理处、公司）等，因此，译者在翻译我国企业名称中的组织形式时也可以按照具体情况选用其中的某些词语。如 Jay & Shaw Law Firm（北京市嘉宋律师事务所）、Centraline Property Agency Limited（中原地产代理有限公司）。最后，为了简省，英语国家企业名称的组织形式时常使用其缩略式：用 Co., Ltd. 替代 company limited 或 corporation limited（有限责任公司），用（Co.,）Inc. 替代 company incorporated（股份有限公司），等等。因为这是早已形成的惯例，所以译者在翻译我国企业名称里的组织形式时需要考虑这一因素，恰当地使用它们的缩略式。如 Shanghai City Architectural Design Co., Ltd.（上海都市建筑设计有限公司）、Zhuhai Livzon Pharmaceutical Group Inc.（珠海丽珠医药集团股份有限公司）。

1.4.2 品牌/商标翻译的基本原则和路径

从某种意义上说，品牌和商标的翻译更为敏感，因为它们与企业形象及其产品的关系更加密切，翻译不好就可能直接影响企业的形象和产品的销售，给企业造成经济损失。同时，如果翻译时对目标语国家或地区制定的相关法规一无所知，译出来的品牌/商标有可能会违反当地的规定，导致品牌/商标无法注册或通行，阻碍产品的出口。例如，很多国家规定，商标的文字不可以对商品的原料、性质、质量和作用等加以叙述，也不能以地名或数字表示商标。对前者而言，我国的商标或许问题不大，但后者有时可能会引起麻烦，因为我国的一些传统品牌和商标是包含地名的。例如，"青岛啤酒""广州酒家""佛山陶瓷"等。这就需要译者在翻译品牌/商标的时候想好对策，灵活变通。另一方面，翻译品牌/商标之前，有必要清楚地认识其功能和目的，因为这对选择何种翻译策略和翻译方法极为重要。品牌/商标的目的和特点，决定其同时具有传递信息、表达情感和感召这三大功能，翻译时就要设法在译文中体现这些功能，不应顾此失彼。

与企业名称相比，品牌/商标的翻译更要考虑文化因素，因为品牌/商标本身往往蕴含社会文化元素，而中国文化与西方文化在价值观、道德观、审美观等方面存在很大差别，翻译时如果直来直去、不加变通地将其译入英语，很可能会与英语国家的文化"撞车"，导致"砸锅"的结果，如"白象"（电池）被译为 White Elephant，"金鸡"（闹钟）译为 Golden Cock，"五羊"（自行车）译为 Five Goats，等等（潘妮、陆玉敏，2006：23 - 24），这都是没有很好地了解这些品牌/商标中包含的动物形象在西方文化中的寓意而出现的败笔。因此，在翻译品牌/商标的过程中，当发现汉语文本中的文化蕴意与目标语文化不合拍时，就要根据情况进行不同程度的改写或调整，使其顺应目标语文化消费者的文化取向和社会文化心理，这样才能使宣传的商品"俘获"英语国家消费者的心，促使他们产生购买的欲望。

品牌/商标的宣传对象是消费者，是以消费者为中心进行的传播，其功能就是通过几个简短的词语引起消费者的注意，勾起他们购买商品的欲望，达到销售产品的目的。因此，翻译目的论、功能（动态）对等理论、翻译三美论等与翻译相关的理论对品牌和商标的翻译具有很强的针对性和指导意义。从目的论的角度看，与品牌/商标的根本目的一样，翻译品牌/商标也是为了体现销售产品这一目的，因此，为了很好地达到这个目的，就不能拘泥于原文的形式，必要时可以对原文进行再加工，甚至"改头换面"。就功能（动态）对等理论而言，品牌/商标的功能是激起消费者购买商品的欲望，因此，译者应该竭尽全力让自己的译文具有这样的功能，只要能体现这一功能，也可以对原文进行调整和修改。再从许渊冲的翻译三美论来说，如果品牌/商标翻译得别具一格，形、音、意完美结合，在传达相关信息的同时给人一种美的享受，就更容易达到成功吸引消费者购买商品的最终目的。如 Sinosteel（中钢——中钢集团公司商标）、Charming Hometex（千榕家纺——山东千榕家纺有限公司商标）、BB Kingdom（宝宝王国——香港进口婴幼儿批发产品品牌）等商标翻译得就比较好，完全符合英语的规范，读起来朗朗上口，让人"一见倾心"，宣传的作用显而易见，对实现企业的宣传和商业目的有推动作用。

无论使用什么翻译方法或翻译技巧，翻译品牌/商标时都应该避免使用生僻或晦涩难懂的词语，避讳当地的文化禁忌；意义要通俗易懂，一目了然；同时要很好地体现企业的形象、商品或服务的基本特征，使消费者易于联想到相关商品。例如，Hisense（海信——青岛海信集团有限公司商标）、Body Style（布迪设计——深圳市纬隆实业有限公司时尚品牌）、Landsuntea（龙生茶——云南龙生茶业股份有限公司品牌）三个品牌/商标的译名翻译得就比较成功：三个品牌/商标的用词都非常简单，意义都很积极、正面，没有违背西方文化的任何文化忌讳，而且极易让人联想到企业致力于宣传的商品或服务。

另外，与翻译企业名称同理，如果中文品牌/商标与企业名称中的区别性称呼完全一致，译成英文时自然也应该保持一致，以免造成不必要的混乱。

1.4.3 企业宣传口号翻译的基本原则和路径

所有企业宣传口号都具有一个共同点——目的就是"宣传"，即通过言词和其他伴随形式的广泛传播，使自己的企业、品牌和商标得以广为人知甚至家喻户晓。不过，由于不同的口号宣传的具体目标有所区别，所以宣传口号的种类也不尽相同。按笔者在1.1.3一节里所做的划分有六类：第一类，反映企业精神或核心理念的口号；第二类，展示企业追求或奋斗目标的口号；

第三类，宣示企业服务思想或理念的口号；第四类，显示企业特色或重要性的口号；第五类，说明企业发展或运作理念、策略的口号；第六类，企业综合型口号。这几类口号又各有自己的特征，如果要翻译得准确而优美，动笔前首先应该分清类别，然后有的放矢、分门别类地翻译，这样才能做到事半功倍。比如反映企业精神或核心理念的口号（第一类）和说明企业发展或运作理念或策略的口号（第五类），重点是传递相关信息，阐释企业最根本的思想观念和成功的基础，因此，翻译的时候语言应该尽量直白，避免过于花哨。例如，"开拓创新 领跑未来"（芜湖盛力科技股份有限公司）、"使命创造未来"（福州福耀玻璃工业集团股份有限公司）这两个口号，都是展现企业核心理念的，其译文分别为"Innovation wins the future."和"A clear vision of tomorrow."，言简意赅，与这类口号的特性比较吻合。再以宣示企业服务思想或理念的口号（第三类）为例，其重点是体现企业对消费者的重视和关爱，因此，语言较第一类和第五类而言更多样化、复杂，而且语句通常也更长，所以翻译的时候就应该考虑使用表现力较强、修辞色彩更浓的词语和句子。例如，"让患者早日用上更有效药物"（江苏先声药业有限公司）、"宇通相伴，安全同行"（郑州宇通客车股份有限公司）两个口号的译文"Providing today's patients with medicines of the future."和"Yutong, your trusted brand—providing effective operation solutions to customers worldwide."就体现了这些特征，是比较成功的翻译。

与企业名称和品牌/商标一样，企业宣传口号同时具有传递信息、表达情感和感召的功能，当然具体类型不一样，会各有侧重——这一点在上文已有所涉及。不过，与企业名称和品牌/商标相比，企业宣传口号的感召功能相对更加直截了当一些，开始翻译前认清这一点对翻译具有指导性的意义。另一方面，宣传口号往往推崇和宣扬某种理念和价值观，而这些理念和价值观有可能与译入语文化的理念和价值观有所不同，甚至南辕北辙，这就要求译者要对原文的内容进行必要的调整或改写，以顺应译入语的文化。中华文化是集体主义文化，企业宣传口号宏扬的自然是集体主义精神，如"代表民族工业，担当国家角色"（石家庄河钢股份有限公司），其译文"Invigorating the steel and iron industry."实际上就是一种变通，因为如果百分之百按中文口号原文的意思翻译，应该译成"Try to be a representative of the national industry and play an important role for the country."；如果将这一译文直接搬进英语，在英语中会给人一种不着实际的感觉，而译为"Invigorating the steel and iron industry."就会让英语使用者感到比较实在和可信。

在1.2.3一节里，笔者对我国和英语国家企业宣传口号中使用的修辞手法进行了梳理和统计。在我国和英语国家各200例的样本中，我国企业的口号使用修辞手法的次数是100次，占样本总数的50%；英语国家使用了44次，占样本总数的22%。显而易见，我国企业宣传口号中运用修辞比英语国家要频繁得多，特别是排比，在我国企业的宣传口号中使用的频率最高，达68次，占宣传口号样本总数的34%。根据这一情况，在宣传口号中译英时不一定都对修辞手法进行对应翻译，有时可以译成比较直白的英语表达，有时也可以译成不同的修辞形式。例如，"挑战距离，超越成功"（江西省邮政局）这个口号中使用了排比，但翻译时不必受此束缚，将其译为"Change longer distance for greater success."也未尝不可。还有比喻（明喻和隐喻），由于中西文化的差异，喻体往往不同，译者翻译时应多加留心，做出必要的调整或调换。例如，"农业产业化国家重点龙头企业"（黄山王光熙松萝茶业股份公司）中的"龙头企业"，显然不能直译为a dragon-head enterprise 或 an enterprise like a dragon head，最好意译为 a leading enterprise 或 a key enterprise，这样对英语母语者来说更容易理解和接受。

最后，从语句的繁简和长度来看，我国企业的宣传口号往往比英语国家企业的宣传口号要复杂一些，字数比英语的词数也更多，翻译时经常需要做出调整，通常是将较复杂和较长的中文口号简化，译得简洁一些。例如，"一切为了用户，超级奋斗，拥抱改变，诚信可靠，价值共享。"（重庆小康工业集团股份有限公司），如果依样画葫芦地译成"All for our customers, strive with great efforts, embrace changes with mutual trust and shared values."就有中式英语和翻译腔之嫌。但如果改译为"Strive for changes with trust and shared values for our customers."，译文更加地道了。

本章首先对我国企业的名称、品牌/商标及企业宣传口号的概念、内涵以及类型做了简单的介绍，以便读者对这三种用语有一个初步的了解；而后对我国和英语国家这三种用语的语言和语用特征进行了对比，为读者更好地理解翻译中的实际问题提供必要的依据；接着向读者汇报了笔者就我国企业名称、品牌/商标及宣传口号翻译现状进行的调查，并对翻译中存在的普遍问题加以探讨和分析，以提高对这几类商务用语的翻译进行专题讨论的认识；最后就三类用语翻译的基本原则和路径进行了探讨，这对把握好翻译实践的大方向、确定正确的翻译策略是非常必要的。

2 企业名称的汉译英方法与技巧

第一章最后一节讨论了我国企业名称、品牌/商标和企业宣传口号三类用语翻译的基本原则和路径，有助于译者把握翻译过程的大方向。接下来的三章将分别详细探讨这三类用语翻译的具体策略和方法。这一章将讨论我国企业名称的翻译策略和方法，首先是企业名称中地名与国名的翻译。

2.1 国名与地名的翻译

我国企业名称中的地名主要有省/自治区、市/自治州、县/自治县等几个行政级别，也有使用"特区"的，不少国企和大型民企也有使用国名的。一个企业名称，有时还会从大到小依次同时使用两个甚至更多的地名。这里从国名和地名两个方面来讨论翻译的问题。

2.1.1 国名的翻译

企业名称中的地名以城市名称为多，其次是省份名称，也有一些国企和大型民企冠以国家的名称，大都出现在企业名称的开头，偶尔出现在名称的中间或末尾。国名的翻译相对比较简单，以"中国"命名的通常翻译成 China，如"中国南方电网有限责任公司"译为 China Southern Power Grid Co., Ltd.，"中国铁路工程总公司"译为 China Railway Engineering Group Co., Ltd.，"安氏互联网安全系统（中国）有限公司"译为 Information Security One (China) Ltd.，"中国工商银行"译为 Industrial & Commercial Bank of China。国家名称有时被减缩为一个"中"字或"国"字，出现在企业名称的最前面，这时也需要翻译出来，如，"中海油田服务股份有限公司"译为 China Oilfield Services Limited，"中铁股份有限公司"译为 China Railway Group；"国药控股股份有限公司"译为 Sinopharm Group Co., Ltd.。也有少数企业在自己的英文译名里把国名"China"同描述性部分合为一个词的,如"中国航空科技工业股份有限公司"译为 AviChina Industry and Technoloty, Co., Ltd.。

还有一些大型企业,特别是总公司下属的分公司,往往把总公司的英文名字以缩写的形式放进自己的英文译名中,而总公司英文名称的缩写式里已经包含了"中国",例如 Cosco Shipping Holdings Co., Ltd.(中远海运控股股份有限公司)、COFCO Tunhe Sugar Company Ltd.(中粮屯河糖业股份有限公司)两个企业的英文译名,第一个的缩写式 Cosco 的全称是 China Ocean Shipping(Group)Company,第二个的缩写式 COFCO 的全称是 China Oil & Foodstuffs Corporation,都包含国名。

我国有些企业的中文原名里本来没有国名,但在译名里加了进去,如 China Vanke Co., Ltd.(万科企业股份有限公司)、Tevel International China Co., Ltd.(上海贝雅士五金制品有限公司)、China Circuit Technology(Shantou)Corporation(汕头超声印刷版公司)等。这样的情况应该谨慎,这已经不仅仅是一个翻译方法的问题了,因为中文原名是经过国家工商管理部门正式批准和备案的,如果原名中并未包含国名,除非得到工商管理部门的许可,否则翻译时硬加进去是不妥的。

2.1.2 地名的翻译

我国企业名称中的地名,无论是哪个级别的,翻译时一般都要求严格按照标准汉语拼音转写,如"新疆金风科技股份有限公司"译为 Xinjiang Goldwind Science & Technology Co., Ltd.,"江阴贝特自动门制造有限公司"译为 Jiangyin Better Autodoor Co., Ltd.,"株洲时代新材料科技股份有限公司"译为 Zhuzhou Times New Material Technology Co., Ltd.。但是也有例外,我国少数民族地区有些地名是根据当地少数民族语言译成汉语的,如新疆的"克拉玛依"、内蒙古的"呼伦贝尔"、西藏的"日喀则"，这些地名出现在企业名称里时，可以依照各民族语言的发音译成英文，因此，这三个城市的名称译成英语后分别是 Karamay、Hulunbuir、Shigatse。这一点在前面章节中已经讨论过，这里不再赘述。有些企业在其中文地名的后面加上了"省、市、县"等表示行政区划级别的词语，翻译时一般不必译出来，如山东省"黄海造船有限公司"译为 Shandong Huanghai Shipbuilding Co., Ltd.；"江阴市万事兴汽车部件制造有限公司"译为 Jiangyin Everise Automobile Parts Co., Ltd.；"邵东县吉利打火机制造有限公司"译为 Shaodong Jili Lighter Manufacturing Co., Ltd.。这三例中文原名分别包含了表示行政区划类别的"省""市""县"，英文译名都不用翻译出来。

我国个别企业名称中的地名包含市、县之下的行政区，翻译时最好不要译出来，否则名称过于繁杂，例如"江门市新会区洁和水暖器材有限公司"里的"新会区"和"佛山市南海区罗村齐昌塑料机械厂"里的"南海区罗村"就不必翻译，这两个企业全称分别译为 Jiangmen Jiehe Plumbing Fittings Co., Ltd. 和 Foshan Qichang Plastic Machinery Factory 即可。现实生活中一个更普遍的现象是，企业常常因为简省或其他原因省略名称开头的地名。但翻译时，如果是比较正式的文本或场合，译文中应该将相关地名加上，如"老麦杂货店"译为 The Cottage Shop Shanghai（上海）；"优良小厨私房菜"译为 Zhongshan（中山）Fine Kitchen Private Food（Restaurant）；"丽珠医药集团股份有限公司"译为 Zhuhai（珠海）Livzon Pharmaceutical Group Inc.。不过，在实际场合，特别是口语中，如果上下文非常清楚，提到企业的英文译名时省去地名也不足为怪；如果是店铺挂在门口的标牌，因为地名不言而喻，所以店家在店铺的名称中也经常不写地名。有研究者主张，中译外时可以不翻译中小城市的地名，以免译名过长给外国人造成识读不便,以致给企业或产品销售带来不利影响。(莫利娜、严小庆,2019:77)笔者认为,这不能一概而论,应看翻译的目的、针对的场合和人群:如上所述,如果是比较正式的文本或场合,如果需要说明企业所在地的情况,无论其所在地是大都市还是小县城,都有必要将其翻译出来;反之则不一定。

还有一种比较常见的情况,就是企业名称中两个地名连在一起,翻译时最好将其分开,不然接二连三的拼音过于冗长,也会给外国人识读企业名称造成一定困难。比较下列企业名称的译文,孰优孰劣便一目了然:

1. 重庆江津酒厂(集团)有限公司
译文1:Chongqing Jiangjin Winery (Group) Co., Ltd.
译文2:Jiangjin Winery (Group) Co., Ltd. (Chongqing)
2. 云南双江勐库茶叶有限责任公司
译文1:Yunnan Shuangjiang Mengku Tea Co., Ltd.
译文2:Shuangjiang Mengku Tea Co., Ltd. (Yunnan)
3. 陕西西乡农村合作银行
译文1:Shaanxi Xixiang Rural Cooperative Bank
译文2:Shaanxi Rural Cooperative Bank, Xixiang

上面三例中,第二个译文显然更加符合英语的表达习惯,所以对英语母语者来说就更容易辨识和上口。

2.2 区别性称呼的翻译

企业名称中的这一部分之所以被称为"区别性称呼",是因为它起着将一个企业与同行业其他企业区别开来的主要作用,其重要性不言而喻。区别性称呼的一大特点是意义的多样性,而且所用词语往往都带有褒扬或积极的意思。由于区别性称呼意义的多样性，其翻译方法也不一，应该根据不同的情况采用不同的翻译方法。下面将分节对区别性称呼的翻译方法进行探讨。

2.2.1 汉语拼音转写

虽然笔者在1.4.1中谈到过，最好避免使用汉语拼音将企业名称里的区别性称呼直接转写为英语，但对于文化负载比较重的区别性称呼，如"龙""凤""牛"等，以及老字号、中国特有的事物，建议使用拼音。使用拼音转写法的用意是将中文词语富含的中国文化信息比较完整而准确的转译进外语——这有利于对中国文化的保护，有利于中国文化在世界各国的传播。这里举几个家喻户晓的中国老字号为例：

1. 北京同仁堂（集团）有限公司
   Beijing Tong Ren Tang (Group) Co., Ltd.
2. 中国全聚德集团有限公司
   China Quanjude Group Co., Ltd.
3. 荣宝斋上海拍卖有限公司
   Rongbaozhai (Shanghai) Auction Co., Ltd.
4. 上海老凤祥有限公司
   Shanghai Laofengxiang Co., Ltd.
5. 四川省宜宾五粮液股份有限公司
   Sichuan Yibin Wuliangye Group Limited

这些老字号的历史都在百年以上，如果采用拼音转写以外的其他翻译方法，如（变通）音译、直译、意译等，很难找到恰如其分的译法，因为无论什么比较短小的言词都难以映现其丰富的历史和文化含义。当然，这些老字号刚开始使用拼音转写的区别性称呼时，外国人自然不知道这是我国的老牌子，更不会了解其历史和文化含义，这就需要译者以一定的形式加以注释或说明；如果翻译的老字号名称正好出现在这些企业的简介之中，其本身就是比较详细的解释，译者就不用再专门注解了。通过这样的方法，再经过一段时间，外国消费者就逐渐了解和熟悉这些老字号了。

除了老字号，我国现代企业偶尔也有使用人名、地名或其他专有名词给企业命名的情况，这种类型的区别性称呼不便采用其他方式翻译，所以通常也是使用汉语拼音转写的形式。例如：

<u>袁隆平</u>农业高科技股份有限公司
Yuan Longping High-tech Agriculture Co., Ltd.
<u>陈克明</u>食品股份有限公司
Chen Keming Food Manufacturing Co., Ltd.
北京<u>叶氏</u>企业集团有限公司
Beijing Yeshi Enterprise Group Co., Ltd.

除了上述特殊情况，也可以考虑对某些企业名称里的常规式区别性称呼偶尔使用汉语拼音转写，但这是有一定条件的，即采用其他方法翻译的确难以展示中文原文的含义，是不得已而为之。下面我们来分析这种情况的几个例子。第一个是"<u>建国</u>酒店"，开头的"建国"是其区别性称呼，若直译为 constructing the country 或 country construction 感觉都不妥；如果音译，又很难找到恰当的、发音类似的英语词语，因此只好采用汉语拼音转写为 Jianguo，企业名称就是 <u>Jianguo</u> Hotel。这样当然丢失了"建国"一词在中文里的含义，但这里以实用原则为准，因而这种译名也成立。另一个例子是"湖北<u>江南</u>专用特种汽车有限公司"中的区别性称呼"江南"。"江南"一词本身是指中国的一个地理区域，即长江以南地区，有时也指长江下游地区江浙皖一带，这时往往带有一定的文化属性。企业名称使用"江南"，一般都不是当作地名使用，而是作为区别性称呼使用的，如"江苏<u>江南</u>高纤股份有限公司""江苏<u>江南</u>农村商业银行"中的"江南"。因此，将其译为 River South 或 South of the Yangtse（River）显然不当，而且比较累赘。在这种情况下，使用拼音转写的翻译方法就成了较好的选择：

1. 湖北江南专用特种汽车有限公司
   Hubei <u>Jiangnan</u> Special Automobile Co., Ltd.
2. 江苏江南高纤股份有限公司
   Jiangsu <u>Jiangnan</u> High Polymer Fiber Co., Ltd.
3. 江苏江南农村商业银行
   Jiangsu <u>Jiangnan</u> Rural Commercial Bank

实际上，不仅仅是"江南"这个词语有这种情况，某些其他表示地域的词语也遵循同样的翻译思路。如果这些地域名称原先就是使用汉语拼音转写的，那借用在企业名称里面也应当如此。例如：

1. 烟台渤海制药集团有限公司
   Yantai <u>Bohai</u> Phamaceuticals Co., Ltd.
2. 山东黑山玻璃集团
   Shandong <u>Heishan</u> Glass Group Co., Ltd.
3. 新疆天山面粉（集团）有限公司
   Xinjiang <u>Tianshan</u> Flour Processing（Group）Co., Ltd.

不过，有一种比较普遍的情况是，本来使用其他翻译方法可以更好、更生动地展现企业中文名称区别性称呼蕴含的意义，但却使用了拼音转写，这常常是因为"偷懒"所致——没有多费点功夫去寻找更好的译文表达。比如将"南充团结溢美酒店"中的区别性称呼"团结溢美"直接用汉语拼音转写成 Tuanjie Yimei，将"江苏江海机床集团有限公司"中的"江海"转写成 Jianghai，将"河南天和农业股份有限公司"中的"天和"转写成 Tianhe。这样翻译使这些区别性称呼原有的丰富含义丧失殆尽，很不完美。其实，如果稍微动动脑筋，采用直译、意译或音译与创新翻译相结合的方法来翻译这三个区别性称呼，就应该好得多：

1. 南充团结溢美酒店
   Nanchong Unity and Beauty Hotel
2. 江苏江海机床集团有限公司
   Jiangsu Kinghigh Machine Tool Group Co., Ltd.
3. 河南天和农业股份有限公司
   Henan Tenwhole Agricultural Co., Ltd.

第一例基本上是直译，不过"溢美"一词译为英语后有些转义；第二例把"江海"转译为 Kinghigh，虽然与中文原始意义不同，但至少保留了其大气的意蕴，而且发音相近；第三例将"天和"转译为 Tenwhole，除发音相近外，也多少表达了中文原词和美、完满的意思。当然，这三种译文并非十全十美，但与直接使用拼音相比，还是更胜一筹。

总而言之，除著名老字号和某些特殊情况外，通常不应鼓励使用汉语拼音直接转写企业名称中的区别性称呼。主要原因有三。第一，因为大多数英语母语者不懂我国的汉语拼音，转写为拼音后中文原词所包含的丰富语义和文化内涵尽失。第二，由于汉语发音和读音规则与英语的发音和读音规则相去甚远，英语母语者拼读汉语拼音会比较困难，有时还可能产生误解。第三，区别性称呼在企业名称中通常位于地名之后，由于地名一般采用汉语拼音转写，如果区别性称呼再使用汉语拼音转写，就会出现一长串拼音，区别性称呼比较长的时候更是如此，这将给外国人识读企业名称造成更大的障碍。

2.2.2 音译

虽然都是从音近的角度翻译，但音译与汉语拼音转写不是一回事，是仿照中文原词的发音，在英语中找到发音相似或相近的词语进行翻译。但要找到发音完全相等的词语很难，音译时要考虑文化因素，避免译文的发音接近英语中含有贬义或禁忌的词语的发音，在词义上应尽量使音译的英文词语与中文原文建立某种关联，这样就能够让外国人对中国企业名称的含义有大致的了解，有助于他们理解和记住中国企业的名称。下面是几个大家熟悉的、音译得比较好的我国企业的区别性称呼：

1. 珠海格力电器股份有限公司
   Gree Electric Appliances, Inc. of Zhuhai
2. 佛山美的集团股份有限公司
   Foshan Midea Group Co., Ltd.
3. 青岛海尔股份有限公司
   Qingdao Haier Co., Ltd.
4. 合肥荣事达电子电器集团有限公司
   Hefei Royalstar Electronic Appliance Group Co., Ltd.

第一例中，将企业名称里的区别性称呼"格力"音译为 Gree，与英语的 agree 和 glee 两个词的发音接近，而且都是比较正面的意义：agree 表示赞同，glee 是高兴和欢快的意思。第二例企业名称中的区别性称呼"美的"音译为 Midea，发音也与原文近似，一看便知道是英语 my 和 idea 两个词合并在一起的，意即

"我的主意"，无论从企业还是消费者的角度看都是积极向上的意思。第三例企业名称中的区别性称呼"海尔"的英语译文Haier，与英语形容词比较级higher的发音一致，所以让人很容易联想到这个词，而higher的意思是更高（层次）的。第四例企业名称中的区别性称呼"荣事达"的英语译文Royalstar是royal（皇家的，皇室的）和star（星星）这两个词合二为一，是两个含义都相当正面的词语。不难看出，这几个企业名称的区别性称呼的英语译文不但发音与中文原文相似或相近，而且都具有正面和褒扬的意义（虽然并非完全与原文意义吻合），都是音译比较成功的例子。

音意结合虽然是比较理想的翻译方法，但也有无法达到这种理想状态的时候，这时只好退而求其次，进行纯粹的音译，但至少在语音方面要尽量顺应英语语音的发音习惯和规则，使译词读起来比较顺口，听起来也比较悦耳，没有负面意义。例如：

1. 重庆小康工业集团股份有限公司
   Chongqing Sokon Industry Group Co., Ltd.
2. 贵州茅台酒股份有限公司
   Guizhou Moutai Co., Ltd.
3. 广州立白企业集团有限公司
   Guangzhou Liby Enterprise Co., Ltd.

这几例企业名称中区别性称呼的英译都较难与英语里现成的词语关联，但却符合英语的发音习惯和规则，读起来朗朗上口，也算是一种不错的翻译思路。不过，因为通过这种翻译方式产生的词语缺少语义成分，因此建议还是尽量少用为好。

2.2.3 直译

直译就是按照原文的意思直接翻译为目标语中意义对应的词

语或表达——中文和英语意义基本对应的词语为数不算少，这就为我们直译中国企业名称中的区别性称呼奠定了基础。事实上，直译也是我国不少企业翻译其名称中的区别性称呼时采用的方法。例如：

1. 中国南方航空股份有限公司
   China Southern Airlines Company Limited
2. 九江兄弟包装机械有限公司
   Jiujiang Brother Packaging Machinery Co., Ltd.
3. 威海市明珠硅胶有限公司
   Weihai Pearl Silica Gel Co., Ltd.
4. 南通辉煌彩色钢板有限公司
   Nantong Glory Color Steel Sheet Co., Ltd.
5. 长春人民药业集团有限公司
   Changchun People's Pharmaceutical Group Co., Ltd.

上面几例都是采用直译法翻译企业名称中的区别性称呼。第一例中的"南方"表示航空公司所处的大致方位，第二例中的"兄弟"、第三例中的"明珠"和第四例中的"辉煌"都具有正面的含义，译成英语后的 brother、pearl、glory 三个词同样具有积极的意义，因此是可行的。第五例中的"人民"是我国某些部门和单位的传统说法，英语母语者已比较熟悉，因此，直译为 people 也没有问题。但是，我国某些企业名称中区别性称呼的译文要么过于生硬，像中式英语，要么平淡乏味，对宣传企业不利。例如：

1. 佳木斯中心铺王之王
   Jiamusi City Centrality Shops King of Kings

2. 宁波伟龙淋浴设备有限公司
   Ningbo Great Dragon Health Bath Tool Co., Ltd.
3. 南充小果船长烤榴梿（店）
   Nanchong Small Fruit Captain Baked Durian Shop

在这种情况下，通常会尽量避免逐字翻译，要有所变通，翻译时对区别性称呼原文的词义进行调整，或加以"美化"。上面这几例企业名称中的区别性称呼就可以分别改译为 Super King（铺王之王）、Welong（伟龙）、Xiaoguo Captain（小果船长，"小果"为人名），这样既符合英语的基本规范，又简洁明快，便于记忆和宣传。至于第一、二例中的其他翻译问题已在前一章中讨论过，这里就不再重述。

2.2.4 意译

虽然意译与直译有相同之处，都聚焦于意义的翻译，但区别也很明显。直译是把原文词句按字面意思直接翻译成目标语中字面意义基本相同的词句，而意译是在原文字面意的基础上，对其进行变通翻译。有的名称如果直译为译入语，读者或听者理解不了，或可能造成误会，达不到交际的目的。经过变通翻译后，虽然字面意思与原文不符或不完全吻合，但深层的意义却基本相同，能够很好地实现其交际功能，达到交际的目的。下面几个企业名称的区别性称呼就是采用意译的方法翻译的：

1. 湖北九州通医药集团股份有限公司
   Hubei Jointown Pharmaceutical Group Co., Ltd.
2. 厦门金龙汽车集团股份有限公司
   Xiamen King Long Motor Group Co., Ltd.
3. 烟台瑞康医药股份有限公司
   Yantai Realcan Pharmaceutical Co., Ltd.

4. 廊坊<u>荣盛</u>房地产发展股份有限公司
   Langfang <u>Risesun</u> Real Estate Development Co., Ltd.
5. 珠海<u>空中</u>英语（培训中心）
   Zhuhai <u>Joyful</u> English Training Center

这几例翻译得比较理想，有几例同时兼有音译的特征。第一例中的区别性称呼"九州通"的译文是英语 join 和 town 两个词的合成词，第一个词有"加入""参加"等意思，第二个词的意思是"城镇""市中心""全镇/城人民"等，虽然没有原词"九州通"大气，但也隐含了为全体人民服务的良好愿望。第二例中的区别性称呼"金龙"被译为 King Long，意为"帝王恒久"，字面意思与原文意思"金龙"相去甚远，但却也有相通之处——中国的帝王常以"龙"自居，而且改译为"帝王恒久"在很大程度上保留了原文的神韵。第三例中的区别性称呼"瑞康"的中文含义是"吉祥""健康"等，而英语译文 realcan 则是 real（真的）和 can（能够）两个词拼凑在一起构成的，虽然发音十分接近，但字面意思完全不同；不过，realcan 可以理解为"真的能够给你带来吉祥和健康"，那译文也就顺理成章了。第四例中的区别性称呼"荣盛"的译文也是两个英文词语的结合体——rise（升起）和 sun（太阳），可以解释为"正在升起的太阳"，这个意思与原文"荣盛"有异曲同工之妙，因为正在升起的太阳预示着兴旺发达、蒸蒸日上。第五例中的区别性称呼"空中"被译为 joyful（高兴、快乐），中英文两个词不但词性相异，而且字面意思可以说是风马牛不相及；但如果将"空中"直译为（in the）air，显然不太合适，因此将其意译为表示快乐、活泼的 joyful 至少展现了培训中心为少年儿童服务的特点，也不失为一种可行的选择。

翻译企业名称的区别性称呼之所以有时需要意译而非直译，

2 企业名称的汉译英方法与技巧

是因为企业取名时比较喜欢使用带有很强民族历史和文化特色的词语，包括蕴含社会文化、动植物和颜色等喻义的词。由于中西文化和语言差别很大，如果不假思索地把这些中文词语直译为英语，往往会出现问题，不但达不到交际和宣传的目的，而且经常适得其反。请看下面几个有问题的译文：

1. 东莞市讲礼礼品有限公司
   Dongguan Genteel Gifts Co., Ltd.
2. 湖州百叶龙演出有限公司
   Huzhou Lotus Dragon Performance Ltd.
3. 柳州两面针股份有限公司
   Liuzhou Sides Needle Co., Ltd.

第一例企业名称中的区别性称呼"讲礼"的译文 genteel 作为形容词是"有教养的""上流社会的"等意思，作为名词有"绅士""上流社会的人"等意思，所以译文与原词含义有一定距离；如果将其改译为 elegance（高雅）似乎更符合此处的语境。第二例中的"百叶龙"是指流行于江浙一带的一种大型表演道具——用荷花状的粉红花瓣做成龙的鳞片，十几个人举着龙进行表演，将其直译为 Lotus Dragon 虽然说明了"龙"与"莲花"有关，但实在是过于生硬，而且有可能造成误解。可以将 Lotus Dragon 改译为 Dragon Dance，这样英语母语者更容易理解，因为作为名称不可能用 with pink lotus-petal-shaped dragon scales 这样长而详细的描述来说明 dragon 的具体形状。第三例中的"两面针"是一味中药的名字，学名为 Zanthoxylum nitidum。此中药的茎、枝和叶的下面都长有钩状皮刺，故名。该公司利用此中药制成具有各种功效的保健牙膏，在国内销路不错。将"两面针"按表面意思译为 sides needle 显然是不恰当的，这既不是该中药正确的名称，外国人看到也不知所云。这种情况可以采用下面的方法意译：不受原词"两面针"的束缚，以 Herbal Medicine Toothpaste 取而代之，这样整个企业名称就是 Liuzhou Herbal Medicine Toothpaste Co., Ltd.，虽然丢失了原名中具体的药名，但至少可让英语母语者知道该企业是以中药来生产保健牙膏的。

意译的目标是实现语言的交际功能，只要能达到这一目的，原文词语的类别、数量和顺序都是可以改变的。当然，由于企业名称中的区别性称呼一般不会太长，所以相对句子而言这些方面的变化其实也并不会太大。例如：

1. 上海巧琦文教用品有限公司
   Shanghai Fantasy Creation Stationery Co., Ltd.
2. 湖南山河智能机械股份有限公司
   Hunan Sunward Intelligent Equipment Co., Ltd.
3. 广州世纪明利建材有限公司
   Guangzhou Brilliant Building Materials Co., Ltd.

第一例中的区别性称呼"巧琦"实际上是"巧"与"琦"两个汉语形容词合在一起，译成英语 fantasy creation 后不但意思发生了变化，而且两个英文词语都是名词，词性也不一样。第二例原文中的"山河"是一个名词，译为英语的 sunward，意思是"向阳"，词性也不同，是形容词。第三例中的"世纪明利"是由名词"世纪"加形容词"明"和名词"利"构成，译成英语 brilliant 变成了一个形容词。在翻译企业名称区别性称呼的过程中使用意译法，这些变化是可行的，因为它们不但不会对意义的表达造成负面影响，反而会有助于实现语言的交际功能，达到交际的目的。

虽然意译经常改变企业名称区别性称呼原文的字面意思，但翻译时也不能随心所欲，译文还是要以原文为基础，而且要以实现与原文相同的功能为目标。应在这个原则下对原文的意义加以引申、扩展或增减，而且有必要考虑与企业相关的情况，比如企业的性质、行业、产品、理念、目标等，这样产生出来的译文才才与原文匹配。例如：

1. 桂林<u>康辉</u>国际旅行社
   Guilin <u>Comfort</u> Travel Service Co., Ltd.
2. 上海<u>百能</u>文教用品有限公司
   Shanghai <u>Pioneer</u> Stationery Co., Ltd.
3. <u>老麦</u>杂货店（上海）
   The <u>Cottage</u> Shop Shanghai

第一个企业名称区别性称呼中的"康辉"并不是一个固定的词语，而是"康"与"辉"两个词的实用性组合，这里可以理解为"健康"和"辉煌"，英语译文单词 comfort 是"舒适""舒服"的意思，中英文字面意义并不对应。但是，舒适和舒服是旅行社推销服务产品的卖点之一——外出旅游的人谁不想有一趟舒适和舒服的旅程？因此，将"康辉"转译为 comfort 是有些道理的。第二例中的区别性称呼"百能"喻指企业和其产品"无所不能"，译文 pioneer 的意思是"开创者""开路者""先锋"，字面意思与原文不符。不过，"百能"和 pioneer 有一个共同的含义，即"有能耐"，而且这应该是该企业奋斗的方向——做本行业的开拓者，所以这个译文也是符合实际的。第三个企业是一家商店，其区别性称呼"老麦"被意译为 the cottage——意思是"小屋""村舍"，译文意思与原文意思也大不相同。但是，cottage 一词有"乡土气息"和"小巧玲珑"的联想意义，巧妙地展示了商店的独到之处，因此也是比较成功的意译。

2.2.5 创新翻译

创新翻译也被称为"创造性翻译""臆造法""重命名（翻译法）"等（何自然、李捷，2012：103），它与意译翻译法很难截然区分开，因为在翻译的过程中原文的字面意思都发生了变化，只不过创新翻译发生的变化相对更大，而且往往会将两个甚至更多的词语砍头去尾后拼缀在一起，或者干脆另起灶炉，生造新词。例如：

1. 山东浪潮电子信息产业股份有限公司
   Shandong Inspur Electronic Information Industry Co., Ltd.
2. 北京兴中昊科技有限公司
   Beijing Sunpro Science & Technology Co., Ltd.
3. 珠海市意多傢俬有限公司
   Zhuhai IDO Furniture Co., Ltd.
4. 北京乐博乐博教育科技有限公司
   Beijing Roborobo Education Technology Co., Ltd.
5. 哈尔滨森鹰窗业股份有限公
   Haerbin Sayyas Windows Co., Ltd.

第一个企业名称中区别性称呼的英文译文 Inspur 不是现成的英文单词，而是将动词 inspire（激励、鼓励）截掉一部分后与另一个动词 spur（鞭策、刺激）拼缀在一起构成的，虽然与两个原词基本同义，但意义得到了加强，而且比较新颖。当然，新造词与中文原区别性称呼"浪潮"的含义不相同，词性也不一样，但却同样显示出企业与时俱进的势头。第二个企业名称的区别性称呼"兴中昊"里的"兴"可以理解为"振兴"，"昊"是"上天、苍穹"的意思，使用拼缀词 Sunpro 来翻译比较巧妙，意即"拥抱太阳"，婉转地表达了中文原文的意思。第三例的英文译文 IDO 可以与原文"意多"谐音,但从拼写形式来看又是英语人称代词 I 和动词 do 的结合体,意为"我做",与中文区别性称呼的意思完全不同;不过,改变后的意思也不错,顺应了英语母语者独立自主的心理。第四例中,中文区别性称呼"博乐博乐"被译为 Roborobo,而英语中实际上并没有这个词,但其发音很容易使人联想到 robot 一词。这是一个科技教育公司,主要是指导青少年为机器人编程,robot 是其关键词,因此译文 Roborobo 可谓独具匠心。第五例中的英语译文 Sayyas,除了 [s] 和 [j] 两个辅音与中文原文"森鹰"两个字声母的发音近似以外,词语其他部分的读音和词义与原文都对不上号;Sayya 显然是英语单词 say 和 yah(某些英语母语者的口头语,即 yes),意为"说'是'",给人一种非常自信的感觉,因此也算比较好的翻译。

语音方面有时很难找到或创造出与原文发音完全一致的词语,但要力争译文与原文的发音近似;如果做不到,合成或创造出的新词也应该符合英语的发音习惯和语音规则。请看下面三例:

1. 珠海润鼎四季(餐馆)
   Zhuhai Runding (Restaurant)
2. 上海诺华营养食品有限公司
   Shanghai Novatris Nutrition Ltd.
3. 珠海丽珠医药集团股份有限公司
   Zhuhai Livzon Pharmaceutical Group Inc.

第一例企业名称的区别性称呼"润鼎四季"被译成 Runding,与"润鼎"谐音,但"四季"被省译了。英语中并没有 Runding 这个词,所以是一个生造词,词形会使人联想到 run(跑步)或 rounding(绕行)这两个词,虽然褒扬的意义并不明显,但发音却完全符合英语的习惯。第二个企业中文区别性称呼"诺华"在英文译名里的对应词是Novatris，这也是一个生造词，其前半部分nova-与原文"诺华"的发音近似，后半部分是添加的，但Novatris所有三个音节的发音都很自然，符合英语的发音规则，而且英语中有nova这个词，意为"新颖""新奇"，意义是积极正面的。第三例区别性称呼的英语译名Livzon除了第一个音节[li]与中文原名发音相似外，其他部分的发音差别不小，但用英语读起来很顺畅，符合英语的发音习惯；从语义上看，Livzon容易使人联想到live和zone两个英语单词，即"生活"和"区域"，意思也说得过去。

与意译翻译法一样，选用创新翻译法的主要原因之一也是中西历史、文化、理念和传统习惯存在差别，这种差别使得译者不得不充分发挥自己的想象力，运用翻译技巧，跨越文化的障碍，创造出更加符合目标语文化和目标语读者审美习惯的译文，顺利实现语言的交际功能。下面是几例比较大胆创新的意译：

1. 广州天赐高新材料股份有限公司
   Guangzhou Tinci Materials Technology Co., Ltd.
2. 杭州吉利汽车控股有限公司
   Hangzhou Geely Auto Group
3. 江西合力泰科技股份有限公司
   Holitech Technology Co., Ltd. (Jiangxi)

第一例区别性称呼"天赐"的译文Tinci并非英语中现成的词语，而是译者创造出来的，是tin（锡）加上ci，而ci应该只是为了与中文称呼谐音以及让译文看起来独特而加的。"天赐"在中文里是"上天赐予"的意思，中国人遇到好运气的时候常常会用这个说法，直译为英语就是god-granted或god-given，放在企业名称里显然不太合适，因此这里加以变通译为 Tinci 是可行的。此外，tin 是一种稀有金属，与该公司经营的高新材料存在某种联系。第二个企业名称的区别性称呼"吉利"一词是中国文化里最常用的词语之一，它迎合了人们希望自己的生活或从事的事业吉祥如意、一帆风顺的心理状态。如果把"吉利"直译成英语，应该用 lucky 或 auspicious 等词语与之对应，用在英译后的企业名称里面感觉过于"直白"，对英语母语者来说可能过于唐突。这里译者用一个英语动词 gee 加带一个英语中常见的形容词词尾-ly 构成一个形容词词性的生造词，且 gee up 是敦促人快跑的意思，这正好是车辆的显著特点，因此，这个企业的区别性称呼翻译得比较理想。第三例中的"合力泰"被译为 Holitech——显然是 holy 和 technology 两个英语词语的混成词。"合力泰"在中文里的含义非常丰富，也是很有中国文化特色的词语，无论是直译还是意译成英语，两三个词都难以表达清楚；由 holy 与 technology 两个词拼缀而形成的 Holitech 与原名比较虽然发生了一定程度的转义，却较好地展示了企业的科技形象，因此也是可行的。

当然，创新翻译不是天马行空似的乱翻，除了语音方面要符合英语的发音规则及英语母语者的发音习惯以外，语法和结构（包括构词方式）也应符合英语的规则，词义也要有所考虑，比如要避免使用会引起读者反感的词语。下面三例企业名称中的区别性称呼翻译就不够理想：

1. 瑞丽药房
   Really Drugstore
2. 新疆特变电工股份有限公司
   Xinjiang Tbea Co., Ltd.
3. 江苏宏图高科技股份有限公司

Jiangsu Hiteker High-tech Co., Ltd.

第一例药房的区别性称呼"瑞丽"在中文里本来是"吉祥"和"美丽"的意思,但译为英语副词 really 后虽然发音与中文原词非常接近,但意思变成了"真正地"或"确实、的确"等意思,所以译文 Really Drugstore 意为"(说)真的是药店";如果使用形容词 real 构成 Real Drugstore,才是"真正的药店"的意思。但无论是 Really Drugstore 还是 Real Drugstore,在英语中这样表达,听起来都有点过于露骨的感觉,可以用 Relee、Lukall、Heabeau 等生造词来表达:Relee 不但发音与中文词语"瑞丽"相近,而且容易使人联想到 relieve,意为"缓解、解除(痛苦)"等意思;Lukall 是 luck 和 all 两个词合二为一,可以理解为"祝所有的人好运";Heabeau 是把 health 和 beautiful 两个词都去掉词尾后结合而成的混成词,意为"健康与美丽"。这些生造词一方面与医药治病救人的性质有一定联系,另一方面在语音、构词和表达上顺应了英语的规范和习惯。第二个企业的区别性称呼"特变"被译为 Tbea,语音与原文相近,但因为字母组合"ea"在英语中常常发为长单元音[i:],所以 Tbea 就与肺结核的缩写形式"TB"(tuberculosis)的发音完全一致了,所以创造出的这个词不够理想。可以考虑将其改为 Tobea、Spectrans 等词,这样不但词语的联想意义多少与企业的性质和特点有些关系,而且不会产生不愉快的联想,似乎更妥当一些。第三例的问题是在语音方面:区别性称呼"宏图"的英语译文 Hiteker 与紧跟在后面的描述性部分 High-tech 发音相近,而且无论前者发为 [′haitkə] 还是 [′haitekə],与后者连在一起读起来都感觉十分急促,发音不便。参考原文"宏图"的含义,如果将 Hiteker 改译为 Holitall、Macrope 等生造词,读起来应该更顺畅一些。

2.2.6 缩略翻译

有时候，由于企业名称中的区别性称呼过长，如某总公司旗下的子公司需写明公司全名，翻译时会采用缩略翻译法，即将较长的区别性称呼缩减为几个英语字母（通常为大写字母），然后把它们写在一起组成缩略词。这些单词有些是总公司名字的缩写式，有些是企业的商标，更多的同时是企业名称的缩写式和商标，还有的是汉语拼音首字母的缩写。例如：

1. 中远海运控股股份有限公司
   COSCO Shipping Holdings Co., Ltd.
2. 中粮屯河糖业股份有限公司
   COFCO Tunhe Sugar Company Ltd.
3. 中航国际控股股份有限公司
   AVIC International Holdings, Co., Ltd.
4. 广东TCL科技股份有限公司
   Guangdong TCL Technology Co., Ltd.
5. 珠海全冠国球馆
   Zhuhai QG Table Tennis Training

上面五例中的第一、二、三例的区别性称呼都是总公司名称的缩写式，同时也都是总公司的商标（文字部分），这三个公司的英文全称分别是 China Ocean Shipping（Group）Company（COSCO——中国远洋运输总公司）、China Oil & Foodstuffs Corporation（COFCO——中粮集团有限公司）、Aviation Industry Corporation of China（AVIC——中国航空工业集团有限公司）。这些缩写式区别性称呼不但用在这几个子公司的名称里，也会用在这些总公司旗下的其他子公司的名称里，例如，第一例中的 COSCO 也用作 COSCO Shipping Development Co., Ltd.（中远海运

· 79 ·

发展股份有限公司）、COSCO Shipping Lines Co, Ltd.（中远海运集装箱运输有限公司）等子公司英文名称的区别性称呼。这三家企业将缩写式作为区别性称呼是为了表示与总公司的隶属关系，如果将总公司的全名写出来显然是不实际的，因此只能使用其缩写形式。第四例中的缩写式区别性称呼 TCL 同时也是该公司的商标，是该公司宣传语"The Creative Life."的首字母缩写词。最后一例区别性称呼的英语译文 QG 是"全冠"的汉语拼音 Quanguan 两个字首字母的缩写式。

2.3 描述性部分的翻译

企业名称的描述性部分是说明企业性质、所属的领域、行业、专业或生产和经营的产品/服务类型等情况的词语，大多数企业都会在自己的名称里有所表述。企业性质、行业和专业林林总总，有科技，如"广州金发科技股份有限公司""新疆金风科技股份有限公司"；有材料，如"中国建筑材料集团有限公司""内蒙古浩源新材料股份有限公司"；还有医药，如"中国医药集团""上海医药集团股份有限公司"。当然，也有省掉描述性部分的，如"浙江海正集团""广西登高集团有限公司""上海小南国（连锁餐馆）"。笔者在 1.1.1 中对收集的企业名称样本的描述性部分按大小类别做了粗略的归纳，阅读本节时亦可参阅前文。

虽然企业名称中描述性部分的词汇比较简单，但其翻译也不是一成不变的直译，比如"建筑"，在描述性部分与不同的词语组合时需要翻译成不同的英文词语，如"中国建筑工程总公司"中的"建筑"译成 construction，而"中国建筑材料集团有限公司"和"上海都市建筑设计有限公司"中的"建筑"则应分别译为 building（materials）和 architectural（design）。又如，"玩具厂"和"瓷砖厂"中的"厂"一般都是译为 factory，但"发电厂"和"化肥厂"中的"厂"通常译为 plant，而"面粉厂"中的"厂"则往往译为 mill，"钢铁厂"中的"厂"既可以译为 mill，也可以译为 steelworks。笔者已将我国企业名称中频繁出现的词汇及其对应的英语译文作为附录收录于本书的末尾，有需要的读者可以随时参考。

2.3.1 直译与汉语拼音转写

相对企业名称的区别性称呼而言，描述性部分的翻译有一定规律可循，但也有一些方面需要特别注意。首先，通常情况下最好不要直接使用汉语拼音转写，因为企业名称中的地名通常是使用汉语拼音直接转写的，加上有的区别性称呼也是用汉语拼音转写的，如果再用汉语拼音转写描述性部分，可以想象会有多长的拼音！以下几例企业名称中描述性部分的译文就存在这样的问题：

1. 无锡台铭环保科技有限公司
    Wuxi Taiming Huanbao Ke Ji Co., Ltd.
2. 天津无缝钢管厂
    Tianjin Wu Feng Gang Guan Co., Ltd.
3. 广州瑞信货架有限公司
    Guangzhou Ruixin Huo Jia Co., Ltd.

如此翻译企业名称，既不好读，又很难看出企业的性质，会让英语母语者非常头痛，可能给企业的宣传造成一定的负面影响。这三例企业名称中描述性部分的英语译文可以改为：

1. Wuxi Taiming Environmental Technology Co., Ltd.
2. Tianjin Seamless Steel Pipe Co., Ltd.
3. Guangzhou Ruixin Shelf Co., Ltd.

这样修改后，英语母语者不但读起来顺畅多了，每个企业的性质也一目了然。据笔者观察，我国有些企业把区别性称呼和描述性部分结合在一起（如笔者在 1.2.1 中曾提到过的"中国铁建股份有限公司""北京首钢股份有限公司"等），这些缩写的区别性称呼也可以直接体现企业的基本性质。对于这种形式，可以采用拼音转写、缩写式或直译，但应以后两种翻译方法为主，例如：

1. 重庆谭木匠有限公司
   Chongqing Tan Mujiang Co., Ltd.
2. 中粮集团有限公司
   COFCO Corporation
3. 云南民族村有限责任公司
   Yunnan Nationalities Village Co., Ltd.

从第一例中的区别性称呼"谭木匠"可以对该企业的性质有大概的了解，至少知道其与"木工"相关，因为谭木匠相当于专有名词，所以可以直接使用拼音"Tan Mujiang"转写。以专有名称形式出现的、对企业性质有一定描述作用的区别性称呼最常出现在老字号或传统店铺的名称中，如"谭鱼头""张肥肠""周黑鸭"等。同"谭木匠"一样，这些名称也可以直接用拼音分别转写为 Tan Youtou、Zhang Feichang、Zhou Heiya。不过，并不是所有这类名称都以使用拼音转写为好，像"兰州拉面""张飞牛肉""沙县小吃"等带有企业性质描述的名称，最好运用拼音转写加直译的方法英译为 Lanzhou Beef Noodles、Zhang Fei Beef、Shanxian Delicacies/Snacks。第二例中的区别性称呼"中粮"从字面上就能够看出与粮食相关，揭示了企业经营的大方向,属于描述性部分的内容;"中粮"的全称是"中国粮油集团",英语为 China Oil & Foodstuffs Corporation,在总公司和子公司的名称中都是用缩写式(COFCO)表示,不用拼音转写。"国药集团"(Sinopharm Group Co., Ltd.)、"中石化股份有限公司齐鲁分公司"(SINOPEC Group Qilu Branch)等企业名称中的区别性称呼大致也属于这种情况。第三例企业名称中的"民族村"与前面两例一样,同时也体现了描述性部分的功能——说明企业的性质,这里很容易看出是以各(少数)民族为展示对象的主题公园。这种情况通常以直译或意译为主,这一例译为 Nationalities Village 是直译,既不使用拼音转写,也不采用缩写式,这样英语读者或游客便可一望而知其意。

2.3.2 省译与增译

从总体上看,我国企业的名称比英语国家的内容更详细,这也包括名称中的描述性部分,所以中译英时经常使用简省翻译的策略。下面这三例就属于这种情况:

1. 湖南蓝思科技股份有限公司
   Hunan Lens Technology Co., Ltd.
2. 青岛希尼尔翻译咨询有限公司
   Qingdao Senior Translation Co., Ltd.
3. 江阴市万事兴汽车部件制造有限公司
   Jiangyin Everise Automobile Parts Co., Ltd.

第一例企业名称中的描述性部分是"科技"一词,按理说应该英译为 science and technology 才对称,可实际上 science 一词却往往被省去,构成省译。相同的例子非常多,如"芜湖盛力科技股份有限公司"和"北京天普新能源科技有限公司"两个企业名称中的"科技"也是这样,只用 technology 一个词就行了。有时候，从英语的表达习惯看，我国企业名称中包含一些冗余成分，译成英语时也应省去。第二例中的"咨询"一词即是如此，因为翻译公司除了直接承接翻译项目外，通常也包含翻译咨询业务。又如，"立创（中山）检测技术服务有限公司"中的"技术"一词在英语名称中也显得多余，最好省译，整个企业名称译为 Lctech（Zhongshan）Testing Service Co., Ltd. 就可以了。第三例中的"制造"虽然有时在英语国家的企业名称中也会使用，但也经常不写出来，所以企业名称汉译英时往往也可以省略，如以下三例：

1. 江阴贝特自动门制造有限公司
   Jiangyin Better Autodoor Co., Ltd.
2. 广东科盈智能装备制造有限公司
   Guangdong Canwin Automatic Equipment Co., Ltd.
3. 南通东海机床制造有限公司
   Nantong Donghai Machine Tool Co., Ltd.

在这三例中，中文原名里的"制造"一词在目标语中都被省掉了，在被制造的东西后面直接跟随企业的组织形式。

相对省译而言，我国企业名称汉译英增译的情况比较少见，但偶尔也有发生，例如：

1. 哈尔滨金豪家具有限公司
   Harbin Golden Rich Furniture & Decoration Co., Ltd.
2. 南充美联美购（精品店）
   Nanchong Mego Boutique Shop
3. 珠海英国皇家少儿英语
   Spirit Kids English Training Center

第一个企业名称并没有包含"装饰"的意思，但英语译文里增加了 decoration 一词，这是因为该企业在制作和经营家具的同时实际上也做装饰业务，所以这里的增译与实际情况有关。第二和第三例的情况就不一样了，因为这两个企业都是店铺，而店铺门牌经常省去描述性部分和组织形式，仅仅留下店铺的区别性称呼——常常也是品牌或/和商标。在外宣资料这类正式文本的翻译中，常常需要加上店铺的描述性部分甚至存在形式或组织形式，否则英语读者会一头雾水，不能使宣传达到预期的目的。因此，这两例的译文不但分别添加了描述性部分 boutique 和 training，而且分别加上了 shop 和 center 两个表示企业存在形式的词语。这种涉及店铺名称的情况比较普遍，像"珠海小绿洲（儿童游乐场）""聚美优品（女性团购网站）""广州QQ宝贝（照相馆）"等店铺名称，翻译时都可能需要加上描述性词语甚至存在形式或组织形式，将全名分别译为 Little Oasis Children's Playground、Jumei.com (Women's) Groupon、Guangzhou QQ Baby Photographer's (Shop)。与最后一例类似的情况比较多，如 barber's、hairdresser's、chemist's、grocer's，这些描述店铺性质的词语翻译时常常需要加在只有区别性称呼的店铺名称后面。

2.3.3 意译或改译

很多情况下，我国企业名称中的描述性部分都可以按字面意思和原文顺序直接翻译，即直译，例如：

1. 中国第一铅笔有限公司
   China First Pencil Co., Ltd.
2. 山东黄金矿业股份有限公司
   Shandong Gold Mining Co., Ltd.
3. 南京赛儿福电器有限公司

Nanjing Self Electrical Co., Ltd.
4. 青海春天药用资源科技股份有限公司
Qinghai Spring Medicinal Resources Technology Co., Ltd.

上面这几例企业名称中的描述性部分语言比较简单，英文中可以找到意义完全对应的词语，因此按中文字面意思翻译即可，没有必要进行省译、增译或意译，也不必调整词序。不过，有时因某些特殊原因会让意译或改译成为必要，以下几例就是这样：

1. 武汉人福医药集团股份公司
   Wuhan Humanwell Healthcare (Group) Co., Ltd.
2. 东莞家乐玻璃制品有限公司
   Dongguan Jiale Glassware Manufactory Co., Ltd.
3. 中国粮油控股有限公司
   China Agri-Industries Holdings Limited
4. 深圳捷豹自动化波峰焊有限公司
   Shenzhen Jaguar Automation Equipment Co., Ltd.
5. 江苏金鹰商贸集团有限公司
   Jiangsu Golden Eagle Retail Group Limited

第一例企业名称原文中的描述性部分是"医药"，按说应该译为pharmaceutical，但这里实际译为healthcare，意思是"医疗卫生""卫生/医疗保健"等，与原文意思有些出入；但是，与pharmaceutical 相比，healthcare 听起来更有人情味，是一个灵活变通的例子。第二例原名中的"玻璃制品"被改译为 Glassware Manufactory（玻璃制造），更能体现出企业的性质。不过，我们在上一节讨论企业描述性部分的省译问题时曾提到过，英语国家制造型企业名称中的 manufactory、manufacture、manufactural 这些词语往往会被省去，所以这里的 manufactory 也是可以省去的。第三例和第四例的情况有些相似，翻译中都是使用上义词替代了下义词：第三例用 agri-industries（农业）替代了 grain and oil（粮油），第四例用 equipment（设备）替代了"波峰焊"（wave soldering）。翻译时对企业名称的描述性部分加以"扩展"，可以突破企业中文原名中描述性部分所指范围过于狭小的局限。第五例的情况刚好相反，把原名中描述性部分的所指范围缩小了，即使用一个表示更小范围的词语替代原名中所指范围更大的词语——这里用 retail 替代了 trade，前者仅仅是后者的一个方面。这种译文调整有利于企业在对外宣传时体现其专精于某个方面的特点，在实际翻译中这需要根据企业的目的而定。

虽然通常可以按照原文顺序翻译企业名称的描述性部分，但个别时候也会出现需要调整词序的情况，比如下面几例：

武汉钢铁（集团）公司
Wuhan Iron and Steel (Group) Corporation
中国航空科技工业股份有限公司
AVICHINA Industry and Technology Co., Ltd.
珠海启思音乐（培训中心）
Zhuhai Music & Keys Co., Ltd.

第一例企业名称原文中的"钢铁"在英语译文中调整为 iron and steel（铁钢）。这类词序调整与中英文化和中英语言习惯的差异有关，这类差异涉及的词语为数不多，如"粮油"（oil and foodstuffs）、"冷热"（heat and cold）、"水陆"（land and water）、"新旧"（old and new）、"轻重"（heavy and light）等。如果企业名称的描述性部分包含这些词语，翻译时就应多加小心，对词序进行必要的调整。第二例将原文"科技工业"的词序颠倒译为 industry and technology（工业与科技）；如不调整就是 technology/technological industry，这不符合英语的表达习惯，因此，调整是必要的。第三例是另一种情况，中文招牌里只有"音乐"属于描述性部分，但英文译文将原文中本是区别性称呼的"启思"变成了 Keys，与培训中心使用的培训工具钢琴琴键联系了起来，这就兼有了描述企业性质的功能。在翻译和变换的过程中，有时为了更好地构建企业的整个英语名称，不必拘泥于中文原文的语序，将"启思音乐"译为 Music & Keys 也就顺理成章了。

2.4 组织形式的翻译

我国主要有公司制企业、个人独资企业、合伙企业三种企业形式，其中前两种的数量最大。公司制企业最常见的组织形式为"有限责任公司"和"股份有限公司"；个人独资企业（individual-invested enterprise）和合伙企业（partnership enterprise）经常以店铺、作坊等形式出现。下面的讨论以公司组织形式的翻译为主，但不局限于公司，也会涉及其他类型企业组织形式的翻译。

2.4.1 常规翻译法

"有限（责任）公司"和"股份有限公司"在英语中的完整说法分别是 limited liability company 和 company limited by shares，两者都是美国系列的说法，但翻译时实际上很少使用其完全形式，通常都译为 company limited 或 Co., Ltd.，后者有时也译为（Co.,）Inc.，都是简略式，置于企业名称的末尾。我国企业极少采用英国系列公司的缩写式"plc."（public liability company）。例如：

1. 无锡市沃克制服有限公司
   Wuxi Work Uniform Co., Ltd.

2. 顺德地中海洁具有限公司
   Shunde Midocean Sanitary Ware Co., Ltd.
3. 广州金发科技股份有限公司
   Guangzhou Kingfa Sci. & Tech. Co., Ltd.
4. 潍坊歌尔股份有限公司
   Weifang Goertek Inc.
5. 珠海丽珠医药集团股份有限公司
   Zhuhai Livzon Pharmaceutical Group Inc.

不过，翻译时经常使用半完全形式，例如：

1. 长城汽车股份有限公司
   Great Wall Motor Company Limited
2. 中国蒙牛乳业有限公司
   China Mengniu Dairy Company Limited

这两例属于半完全形式，因为译文中少了 liability 一词。
　　如果企业是"厂""站""社""事务所"等存在形式，翻译时往往省去后面的法定组织形式而只说其存在形式，例如：

1. 绍兴玻玻宠物用品厂
   Shaoxing BOBO Pet Articles Factory
2. 开远果酒厂
   Kaiyuan Fruit Winery
3. 南宁中国青年旅行社
   China Youth Travel Service Nanning
4. 上海华申会计师事务所
   Shanghai Huashen Certified Public Accountants

· 89 ·

我国不少大中型企业名称的组织形式都带有"集团"二字，或单独使用，或与"（股份）有限公司"一起组成"集团（股份）有限公司"，这种情况并不矛盾，一般可以按照顺序直译，例如：

1. 山东星源矿山设备集团（有限公司）
   Shandong Xingyuan Mine Equipment Group
2. 中州国际酒店管理集团（有限公司）
   Zhongzhou International Hotel Management Group
3. 北京韩建集团有限公司
   Beijing Hanjian Group
4. 山东潍焦控股集团有限公司
   Weijiao Holdings Group

因为这些集团同时基本上也都是有限责任公司或股份有限公司，所以通常也可以在 Group 一词的后面加上 Co., Ltd. 或 Inc.。现实中有不少企业使用"集团（股份）公司"这样的说法，可以依照上面的方式翻译，有些译为"group corporation"，例如：

1. 鞍山钢铁集团有限公司
   Anshan Iron & Steel Group Company Limited
2. 中国兵器工业集团有限公司
   China North Industries Group Limited
3. 中国乐凯集团有限公司
   China Lucky Group Corporation

有的企业使用括号将"集团"二字括起来，翻译时通常也

保留括号,例如:

1. 中国太平洋保险(集团)股份有限公司
   China Pacific Insurance (Group) Co., Ltd.
2. 潮州三环(集团)股份有限公司
   Chaozhou Three-Circle (Group) Co., Ltd.
3. 上海锦江国际酒店(集团)股份有限公司
   Shanghai Jinjiang International Hotels (Group) Limited

虽然有一些例外情况,但我国企业名称组织形式的翻译相对单一,"有限责任公司"和"股份有限公司"在英语中通常都译为 Co., Ltd.,偶尔译为 Inc.。至于其他类型的企业名称组织形式的翻译我们将稍后讨论。

2.4.2 灵活翻译法

上一节讨论了翻译企业名称中组织形式的一般方法,都是比较规范的,中英文词序也基本上没有什么太大的变化。但是,组织形式的翻译也并非一成不变,偶尔也有不按常规出牌的时候,比如下面几例:

1. 云南格力电器销售有限公司
   Gree Electric Appliance Sales Co., Ltd. Yunnan
2. 鹤山市康立源卫浴实业有限公司广州营销中心
   Heshan Kangliyuan Sanitary Ware Industry Co., Ltd. — Guangzhou Sales Center
3. 湖南湘联科技有限公司华东办事处
   Hunan Shinilion Science & Technology Co., Ltd. Shanghai Office

在第一例中,虽然企业名称原文里的地名位于名称开头,但翻译时可以将其移至名称的末尾——这样就使表示组织形式的词语位于企业名称的中间了。这样翻译是因为这类企业在不同的地方有不止一个分支机构。第二例和第三例企业名称组织形式虽然也出现在译名的中间,但原因有些不一样——是因为原名中"有限公司"的后面跟着其分支机构的名字,这种情况翻译时通常不必对词序进行调整,按原文顺序翻译就行。分支机构的前面可以使用破折号或逗号,也可以不用。

还有一种常见的情况,通常是比较大型的企业,而且往往是央企和国企:中文原名里国名或地名照常位于企业名称的开头,但英译时可以以将其移动到企业名称的末端,并用介词 of 与前面表示组织形式的词语相连,例如:

1. 中国人民保险公司
   People's Insurance Company of China
2. 中国航空工业集团公司
   Aviation Industry Corp. of China
3. 珠海格力电器股份有限公司
   Gree Electric Appliances Inc. of Zhuhai

无论中外,在企业宣传和商务活动中,出于简省,人们常常喜欢使用简称来代替企业的全称,特别是那些名称比较长的企业,而且使用的简称又经常与企业的品牌或/和商标重合。省掉的部分往往是描述性部分和企业的组织形式,而省去后者最为常见,如"中国移动""中国海油""泸州老窖""周大福"等。这种情况翻译的时候要区别对待,如果上下文或交际语境一清二楚,使用简称人们也知道是指企业本身而不是指其商标、品牌或产品,直接翻译其简称形式就可以了。但是,如果不具备这样的语境条件，或文体、场合等有特殊的要求，那翻译时就最好补上中文名称里被省掉的部分，包括企业的组织形式或企业的存在形式。例如：

1. 华为
   Huawei Technologies Co., Ltd.
2. 青岛啤酒
   Tsingtao Brewery Co., Ltd.
3. 广州阳普医疗
   Guangzhou Improve Medical Instruments Co., Ltd.
4. 考拉大冒险（珠海儿童游乐中心）
   Zhuhai Kuala Adventure Amusement Center

对于国际上不是很知名的企业来说，对外宣传或商务活动中更有必要在英文里把企业中文名称里省掉的部分补上，这样会有助于这些企业在国外增加自己的知名度。

2.4.3 缩略与省译

我们在 2.4.1 一节中已经讨论过，把我国企业名称译入英语时，企业的组织形式通常使用 Co., Ltd. 和（Co.,）Inc. 这两个表示"有限责任公司"和"股份有限公司"的缩略式，但也会出现打破常规的情况，如省掉 Co. 或 Ltd.，或者使用 Corporation 一词的缩写式 Corp.。下面这些企业名称中的组织形式就是这样翻译的：

1. 香港敏宝有限公司
   Hong Kong Main Plan Ltd.
2. 上海诺华营养食品有限公司
   Shanghai Novatris Nutrition Ltd.

3. 宁波均胜电子股份有限公司
   Ningbo Joyson Electronic Corp.
4. 广东省外贸开发有限公司
   Guangdong Foreign Trade Imp. & Exp. Corp.
5. 浙江双友物流器械股份有限公司
   Zhejiang TopSun Logistic Control Co.

前四例企业名称中组织形式的英语译文都使用了不完全形式，第一例和第二例省去了 Co.，只剩下常规缩略式的第二部分 Ltd.；第三例和第四例组织形式的译文 Ltd. 保留了一个半缩写式 Corp.。这两种表达方式并没有什么规律，但也可行，因为英语国家不少企业常常使用这两种形式，如 PepsiCo Investment Ltd.（百事投资有限公司）、Martin Williams Concrete Products Ltd.（马丁·威廉姆斯混凝土制品有限公司）、First Union Corp.（第一联合银行）。第五例组织形式的英语译文 Co. 是 company 的缩写式，后面省去了平常与其搭配的 Ltd.。虽然在英语国家企业的名称中也能看到这种省略方法，但总的来说比较少见，所以建议翻译时尽量少用这一省略方式。至于缩略式的大小写问题，通常也没有什么规定，一般选择小写形式，但某些文本或场合可能会要求企业整个名称都使用大写形式（每个词语的每个字母都大写）。

还有一种情况是，我国规模比较大的酒店、饭店、药房等店铺喜欢在这些表示企业经营内容和存在形式的词语前面加上一个"大"字构成"大酒店""大饭店""大药房"等字样，因为这样显得气势恢宏。这个"大"字翻译时可译可不译，而且往往不译——不译更符合英语的表达习惯。例如：

1. 长沙/西安凯莱大饭店
   Gloria Grand Hotels (Shangsha, Xi'an)
2. 青岛海天大酒店
   Qingdao Haitian Hotel
3. 新亚大酒店（广州中华老字号）
   New Asia Hotel
4. 北京金象大药房
   Beijing Golden Elephant Pharmacy

另外，我国有些企业会在其中文名称里以括号的形式把代表总公司或整个企业名称的英文字母缩写式同时写出来，翻译时可以原封不动地保留下来。例如：

1. 中海油田服务股份有限公司（COSL）
   China Oilfield Services Limited (COSL)
2. 中国铁路工程总公司（CREC）
   China Railway Engineering Group Co., Ltd. (CREC)
3. 上海汽车工业（集团）总公司（SAIC）
   Shanghai Automotive Industry Corporation (SAIC)

2.4.4 店铺门牌的翻译

我国城市和乡镇的大多数店铺都是个人独资或合作企业，因而其名称中也不会出现"有限责任公司"或"股份有限公司"的字样；另一方面，即使店铺属于这两种类型，常用的名称中也很少将其写出来。例如：

1. 广州美妙美食店
   Guangzhou Emma Food Restaurant

2. 宜百味泡面食堂（南充）
   YIBWAY Noodle Canteen（Nanchong）
3. 珠海思科击剑中心
   Zhuhai Think Fencing Club
4. 粤海酒店（深圳）
   Guangdong Hotel（Shenzhen）

不过，也有一些公司是以店铺形式存在的，特别是大中型连锁店，但平时其门牌或招牌上并没有将公司属性显现出来。译成英语时就要根据翻译语境决定是否需要翻译出来，如果语境清晰或在非正式场合，通常是不需要的，但如果语境不清晰或文体和场合有明确的需要，那么就应该增译出来。例如：

1. 四川永辉超市（有限公司）
   Sichuan Yonghui Superstores Co., Ltd.
2. 湖南益丰大药房（连锁股份有限公司）
   Hunan Yifeng Pharmacy Chain Co., Ltd.
3. 北京同仁堂（股份有限公司）
   Beijing Tong Ren Tang Co., Ltd.

翻译中添加组织形式的时候还要注意一点，连锁公司旗下往往有名字不完全相同的子公司，不要混为一谈，译者应该弄清正在翻译的是哪一个子公司，避免张冠李戴。如上面的"北京同仁堂股份有限公司"只是同仁堂（集团）（Tong Ren Tang [Group]）旗下的附属公司之一，还有"北京同仁堂科技发展有限公司"（Beijing Tong Ren Tang Technology Development Co., Ltd.）、"北京同仁堂国药有限公司"（Beijing Tong Ren Tang Chinese Medicine Co., Ltd.）等附属公司。

2 企业名称的汉译英方法与技巧

我们在前面章节的讨论中曾提到店铺名称/门牌/招牌的翻译问题，此处既然讨论企业名称中组织形式的翻译，便有必要对之进行详细探讨。实际上，店铺名称最常见的形式是只有区别性称呼，或区别性称呼加上描述性部分，而其存在形式（店、馆、坊、中心、工作室等）和组织形式（如有）常常被省去。例如：

1. 南充幻彩四季（服装店）
   Nanchong Magic · SG
2. 珠海宝宝王国（婴幼儿产品批发）
   Zhuhai BB Kingdom
3. 广东叁·色（餐馆）
   Guangdong Three Drops

上面这三例店铺名称，既没有描述性部分，又缺少表明其存在形式或组织形式的词语。这样翻译，如果不是一目了然的语境（如站在店门口阅读招牌），可能真不知道这些店铺是做什么的。因此，在语境不甚清楚的情况下，最好在上面各例译文的后面加上描述性部分和店铺存在形式，或至少加上其存在形式：

1. 南充幻彩四季
   Nanchong Magic · SG <u>Garment Shop</u>
2. 珠海宝宝王国
   Zhuhai BB Kingdom <u>Wholesale Store</u>
3. 广东叁·色
   Guangdong Three Drops <u>Restaurant</u>

如果店铺名称的描述性部分比较清楚，从字面上就基本可以看出其性质或经营的内容，就不一定非要添加店铺存在的形式。

例如：

1. 利华超级三文治（香港）
   Oliver's Super Sandwiches（Hong Kong）
2. 厦门七号线茶饮
   Xiamen Seven Bus Tea and Soft Drinks
3. 珠海金玉堂上海馄饨
   Zhuhai Golden Jade Shanghai Wonton

从上面这三例原文中的描述性词语"三文治""茶饮""上海馄饨"及其译文 Sandwiches、Tea and Soft Drinks、Shanghai Wonton 一眼都能看出三个店铺经营的内容，所以就可以不再添加说明它们存在形式的词语（如 restaurant、shop 等）。

就表示店铺的词语而言，中文和英语中都有不少将经营的内容和店铺存在的形式结合在一起的词汇，其中很多词语意义是相互对应的，因此，只要译者选择正确的对应词语，就可以直接翻译。例如：

1. 钓鱼台国宾馆
   Diaoyutai State Guesthouse
2. 广州友谊商店
   Guangzhou Friendship Store
3. 杭州海马体照相馆
   Hangzho HIMO Photographer's

这三例原文中的"宾馆""商店""照相馆"三个词分别与英文 guesthouse、store、photographer's 相互完全对应，因此直接对译即可，不必对译文进行任何加工。不过，我国也有不少店铺名称并没有使用上面这种经营内容跟店铺存在形式合二为一的词语——其经营的内容与存在形式是可以分开的。例如：

1. 意粉<u>屋</u>（香港）
   The Spaghetti <u>House</u>（Hong Kong）
2. 珠海全时优健运动<u>空间</u>
   Zhuhai Pro Go Fitness <u>Space</u>
3. 南充劲松家居四季来<u>生活馆</u>
   Jinsong Home Sijilai Furniture <u>Mall</u>
4. 上海星艺专业美容美发<u>机构</u>
   Shanghai Art & Star Hair <u>Salon</u>

上四例中的"屋""空间""生活馆""机构"都是独立的词语，不是它们前面表示店铺经营内容的词语不可分割的一部分，因为它们也可以与其他词语搭配构成不同性质的店铺，如"婚纱屋""休闲空间""养发生活馆""测试机构"。这种情况翻译时有一定的灵活性，有时能找到意义基本对应的词语，有时要根据店铺的实际性质或经营的内容对号入座地进行翻译。这里的第一例和第二例名称里的中文"屋"和"空间"就可以选用意义相同的词语 house 和 space 来表达，而第三例中的"生活馆"和第四例中的"机构"就得根据这两个店铺实际经营的内容才能确定对应的词语：第三例所指其实是一个大型家具市场，由一系列出售家具的店铺组成，所以选用英语单词 mall 比较合适；第四例的描述性部分"美容美发"说明这个店铺是一家理发店，因此，选用英语 salon 是恰当的。

本章按照我国企业名称的常规顺序讨论了企业名称的汉译英方法与技巧，即企业名称中包含的地名/国名、区别性称呼、描述性部分、组织形式的翻译。由于四个部分具有各自的语言和语用特点，因此，各部分探讨的要点和思路不尽相同。由于四个部分之一的区别性称呼在企业名称中最为重要，而且变化最多，所以探讨时所费笔墨也相对多些。虽然企业名称有一定的规律可循，但毕竟企业种类繁多，情况各不相同，而且翻译语境千差万别，因此，翻译过程中一定要实事求是，顺应千变万化的情形，选择符合具体语境的翻译策略和方法。

3 品牌/商标的汉译英方法与技巧

品牌/商标是企业宣传自己和推销产品的直接手段，因此，企业在设计自己的品牌和商标的时候自然会煞费苦心，搜寻理想的言词，以最佳方式表达自己的理念、期望或特色，竭力展示自己的正面形象。译者将中文品牌/商标翻译成外语的时候，也应该正确理解原文的含义，并努力找到恰如其分的外语词语，在目标语中准确地表达中文原文的意义，尽力体现其语用功能。由于品牌/商标的相对复杂性，再加上中外语言、文化、理念和价值观等各个维度存在的差异，翻译时不能千篇一律地使用单一的翻译策略或方法，而必须根据品牌/商标使用的不同言词，参考企业或产品的特点，有的放矢，选用不同的翻译策略和方法。下面我们就以常用的翻译方法为线索来深入探讨品牌/商标的翻译问题。

3.1 汉语拼音转写

笔者在 1.4.1 中提出，尽量不要直接以汉语拼音转写的形式翻译企业名称中的区别性称呼，其实这一点也适用于品牌/商标的翻译，因为大多数英语母语者难以从拼音上看出其含义。不过，我们上面也提到，品牌/商标形式多样、千差万别，也可视具体情况采用拼音转写。至少具备以下条件之一时可以转写：品牌/商标的拼音不会引起外国人误解，拼音的发音对外国人来说不会太难，专有名词/老字号为品牌/商标（的一部分），最好有图形相配。例如：

1. 中国平安　　　　　　　　PING AN
2. 嗒嘀嗒（童装）　　　　　dadida

3. 鄂尔多斯（羊绒制品）　　ERDOS
4. 锦江饭店　　　　　　　Jin Jiang Hotel
5. 胶州蓝莓　　　　　　　JIAOZHOU BLUEBERRY

第一例和第二例品牌/商标的拼音都比较简单，特别是第二个是拟声词，发音对英语母语者也不困难，而且在意义上也不会让他们联想到任何负面词汇，所以是可行的。第三例是地名，是专有名词直接用作品牌/商标，用拼音转写是合理的。最后两例是一个专有名词加上一个普通名词，用拼音转写前者也属正常。

与企业名称区别性称呼的翻译一样，若中文品牌/商标使用或包含中国文化负载较重的词语，这些词语的蕴意对外国人来说比较陌生，比如涉及历史、传说、习俗等方面的词语，在英语里难以找到神形兼备的词语来表达，也可以采用拼音转写。例如：

1. 晨龙（锯床）　　　　　　Chenlong
2. 龙的（家电、电子产品）　　Longde
3. 汉庭快捷酒店　　　　　　Hanting Express
4. 爱群大酒店　　　　　　　Aiqun Hotel

第一例和第二例的译文都使用了拼音转写，没有使用英文词语 dragon 来翻译原文里的"龙"，因为中国的"龙"和西方的"龙"含义相去甚远，而且西方的"龙"通常带有贬义。第三例中的"汉庭（廷）"是一个历史悠久的词语，通常指汉朝，如汉代张衡（《思玄赋》）和唐代杜甫（《秋日荆南述怀三十韵》）均使用过。第四例中"爱群"的意思可以理解为"热爱群众"的简略形式，也是一个很有中国特色的词语。这两个词都具有十分浓厚的中国文化意蕴，直译和意译都不太好处理，所以直接使用汉语拼音转写有一定道理。但无论出于什么原因和目的，在采用汉语拼音转写法传译品牌/商标的同时或其他适当的时候，译者或企业有关人员应该找机会（书面或口头）向目标语接受者解释所用拼音的含义，这样更有助于达到企业宣传或推广的目的。

由于我国有些品牌/商标是专有名词（主要是人名和地名），转写为拼音后对外国人来说只是一串意义不明的字符，难以辨识，所以最好使用一个表示产品类别的词语作为解释。例如：

  李宁（体育用品） LI-NING（Sports Goods）
  王老吉（凉茶）   Wanglaoji（Herbal Tea）
  红塔山（香烟）   Hongtashan（Cigatettes）
  涝河桥（清真肉食） Laoheqiao（Halal food）

这样，外国人识读起来就比较容易和方便了。经过一段时间，估计国外消费者已经基本上熟悉这些商品了，再次宣传或推广时译者就可以省掉加注这一程序了。

还有一种情况比较特殊，就是我国方言地区的传统品牌和商号，其称号早已约定俗成，其中不少过去已经以方言的形式转写成外语并长期固定下来，现在可以保留并使用其方言转写形式。例如下面这几个广东的老字号：

  敬修堂（中药） King Sau Tong（Chinese Medicine）
  潘高寿（中药） Poon Ko Sau（Chinese Medicine）
  生茂泰（茶叶） Sang Mau Tai（Tea）
  利工民（纺织品） Lee Kung Man（Cotton Textile）

虽然这些老字号在中文里通常都有某种正面和褒扬的含义，但按方言发音转写后对外国人来说也没有含义，因此可以像上面四例那样在末尾添加一个说明产品类别的注解。除汉语方言地区外，如果在品牌/商标中使用了少数民族地区的语言，外译采用语音转写时也经常会保留其发音特征。

虽然品牌/商标的翻译中拼音转写可用，但如果不顾条件，随意使用拼音转写品牌/商标，只会造成译文识读不便。例如：

1. 袁记串串香（火锅店）　　　Yuan's Chuan Chuan Xiang
2. 百乐农品　　　　　　　　BAILENONGPIN
3. 老班长（餐馆）　　　　　LAO BAN ZHANG

这三个例子全都是采用汉语拼音转写整个品牌，拼音过长，外国人识读起来比较困难；特别是第二例的拼音，四个字的拼音全部连写在一起，不说外国人，就是中国人识读也有困难，可以将这几例分别改译为 Yuan's Skewered Delicacies 或 Yuan's Hot Pot、Beluk Green Produce 和 Old Captain。

3.2 音译

音译与汉语拼音转写不同，是仿照原文词语的发音，在目标语中找到或自创发音基本相同或近似的对应表达——这种近似的发音是完全符合外语的发音规则和发音习惯的，找到或创造的词语与原文词语的意义有可能相近，也有可能不同，但尽量能给人以正面的联想，如果能与品牌或商标代表的企业或产品建立某种联系最好。例如：

1. 康佳（电子产品）　　　　KONGKA
2. 仟吉（蛋糕连锁）　　　　kengee
3. 虎都（服装）　　　　　　FORDOO
4. 九阳（厨房小家电）　　　Joyoung
5. 怡婷（针织内衣）　　　　ETINA

这五例都是音译，每一例译文的发音都是符合英语的语音规则和习惯的，即音素和音节基本上都是英语中存在的，因此，英语母语者读起来非常自然、顺畅。从语义上看，第一例或许会让人联想到西方人熟悉的电影形象 KING KONG（金刚）。第二例中的第一个音节 keng 在英语中是"粳米"的意思，而且整个词语与英语单词 congee（[ˈkɒndʒi(ː)]）的发音非常接近，而 congee 意为"大米粥"，这样就与食物联想在一起了。第三例 FORDOO 看起来是英语词语 for（为了）与 do（做）的合体，给人以动态的感觉和形象。第四例的含义显而易见，是英语单词 joy（高兴）跟另一个单词 young（年轻）的合体，展现了一种活泼可爱的意境。最后一例的译文 ETINA 是英语中比较常见的女性名字，可以译为"埃蒂纳"，虽然与中文原词的读音完全不同，但译名巧妙地呈现了产品与女性之间的联系。因此，这里的每一个品牌/商标的译文都有一定的联想意义，其中 kengee 和 ETINA 与品牌/商标所代表的产品的联系最为明显。

音译与意译结合是翻译品牌/商标时使用最多的一种方法，其好处十分明显——不但发音与原文相似，而且译文有一定含义，这种含义往往与品牌/商标指代的东西有某种关联。下面再举几个使用这一方法翻译得比较成功的实例：

1. 海信（通信、家电等）　　　Hisense
2. 雅戈尔（服装）　　　　　　Youngor
3. 瑞阳（医药）　　　　　　　REYOUNG

上面四例译文的发音都与品牌/商标中文原文的发音相似，特别是每个英文译名开头的辅音与其对应的中文原文开头声母的发音几乎完全一样：第一例英语辅音［h］对应原文汉语拼音声母 h，第二例英语［i］对应汉语 y，第三例英语［t］对应汉语 t，第四例英语［r］对应汉语 r。另外，每个译名中间或末尾的一个辅音也与中文原名的中间或末尾的一个声母的发音近似：第一例英语辅音［n］对应原文汉语拼音 n，第二例英语［g］对应汉语 g，第三例英语［s］对应汉语 s，第四例英语［j］对应汉语 y。其中以第四个商标的中英文发音最为一致，英语译名 REYOUNG（[ˈriːjʌŋ]）与中文原名"瑞阳"（ruiyang）的发音几乎完全一致，只有第二个音节的元音稍有差别，但一般很难听出来。词义方面，第一例的英语译文 Hisense 中的前半部分 hi-很容易与 high-tech 建立起联系，而后面的英语单词 sense 是"感觉""感官""识别力"等意思，而且在其后加上字母 r 就是意为"敏感元件"的 senser——这些语义与该商标代表的通信、家电等的产品的特征和性能都存在某种关联。第二例商标"雅戈尔"的英语译文 Youngor 显然是英语形容词 young（年轻）的比较级 younger 的改写形式，其意不言自明——"雅戈尔"品牌服装能让你青春焕发。第三例"瑞阳"是医药商标，而这一例的英语译文 REYOUNG 从词形上看很像一个派生词，即把前缀 re-加在单词 young 前面（虽然实际上英语中词缀 re-不会加在形容词前面），意思可以理解为"焕发青春""返老还童"，极好地隐喻了与医药的关系。

3.3 直译

直译，顾名思义，就是依照原文字面意思直接翻译，只在语言结构和词性上稍做改动，译名与原名具有相同的语用功能。当然，这里说的"直接翻译"其实也是相对的，因为中文和英语很多表面意思相同的词汇其意义也并非完全相等。我国企业有些代表品牌/商标的词语在英语中能够找到意思基本相同的表达，而且语义也基本相通，所以可以采取直译的方法来翻译。例如：

1. 中国移动（移动通信）　　China Mobile
2. 金山重工（机械设备）　　JISAN HEAVY INDUSTRY
3. 金照明（照明工程、灯具）　Golden Lighting
4. 飞鸽（自行车）　　　　　FLYING PIGEION
5. 鹰牌陶瓷　　　　　　　　Eagle Ceramics

这几例基本上就是将中文品牌/商标直接译为英语的，译者所选英语词语在语义上与中文品牌/商标所对应的词语基本上完全一致。

我国企业以专有名词作为品牌/商标的时候，有时该专有名词的前后会有一个表示身份、类属等的词语，虽然外国消费者不知道专有名词的意思，但普通词语的语义或具有一定的提示作用，或具有明确的含义，直译后对语义的理解有一定帮助，这时就不一定需要添加任何指明其商品或产品类别的注解了。例如：

1. 康师傅（方便面）　　Master Kong
2. 江船长（即食鲍鱼）　Captain Jiang
3. 淮安大米　　　　　　HUAI'AN RICE
4. 胶州大白菜　　　　　JIAOZHOU CHINESE CABBAGE
5. 峪口禽业　　　　　　Yukou Poultry

第一例和第二例属于同一种类型，即一个专有名词外加一个普通名词，第一例加的是"师傅"，第二例是"船长"，分别直译为英语的 master 和 captain。虽然这两个英文词语不能显示商品的类型，但因为都放在专有名词的前面，所以英语母语者至少能够看出后面的 Kong 和 Jiang 都是人名。当然，如果是初次做宣传或推广，为清楚起见，也可以在这两个译名的后面用括号的形式加一个注解，Master Kong 的后面加 instant noodles，Captain Jiang 的后面加 instant abalone。第三、四、五例的品牌都是地名加商品类型，直译为英语后也完全一样，专有名词后面的 RICE、CABBAGE、Poultry 三个普通名词已分别将商品的类别交待得一清二楚，也就没有必要增加任何注解了。

如果直译品牌/商标的同时能够把语音也考虑在内，译名将更为神形兼备，因为这样翻译不但语义吻合，而且英文译名与中文原名的发音十分相似，使读识和记忆译名都更加容易，甚至具有一定的美感。例如：

1. 网易　　　　　　　　　NetEase
2. 货拉拉（搬家服务）　　Lalamove
3. 可可空间（投资）　　　COCOSPACE
4. 合美教育（教育）　　　Harmony Education
5. 爹地宝贝（母婴用品）　Daddy Baby

从这五例品牌/商标的英语译文来看，全部都基本上属于直译，因为译文和原文的字面意思基本相同；从语言结构方面看，除了第二例"货拉拉"的译文 Lalamove 与原名的语序有所不同外，其他四例的译文与中文原名完全一致。再从语音的角度分析，每个译名中至少有一个（组合）词与原名中一个词语的发音大体对应。第一例译名中的 Ease 与原名中的"易"字的发音对应，第二例译名中的 Lala 与原名中的"拉拉"二字的发音对应，第三例译名中的 COCO 与原名中的"可可"二字的发音对应，第四例译名中的 Harmony 与原名中的"合美"二字的发音对应，第五例译名 Daddy、Baby 两个词共四个音节的节首辅音与原名"爹地宝贝"四个字汉语拼音开头的声母发音十分接近。

3.4 意译

直译虽然比较简单、省力，而且保持了原文和译文字面意义的一致性，但由于语言、文化和传统、习俗的差别，加上直译有时很难体现出品牌/商标的独特性和吸引力，所以翻译时经常需要一定的变通，包括语义的改变和语言结构的调整，这就是意译。当然，这种变通和调整一定是以原文的意义为基础的，而不是胡编乱造。例如：

1. 中国航信（信息网络）　　　　TravelSky
2. 荣事达（家电）　　　　　　　Royalstar
3. 新格元素（科技开发等）　　　Think Go Now
5. 我穿我衣（服装）　　　　　　Just For Me
4. 华润万家（超市）　　　　　　Vanguard

这几例都是典型的意译，因为译文的字面意思与中文原名的字面意思都不一样。第一例译文里不但少了国名，而且 TravelSky（飞越天空）的意思与原名中的"航信"（航空通信）的意思也相差不小，但有一点相同——都与天空相关，并且都需要 travel（跨越）。第二例译文 Royalstar 意为"皇家之星"，字面意思与原名"荣事达"的意思显然也不一致，但也有相似之处——富贵、豪气。第三例译文 Think Go Now 的意思是"现在就思考并行动"，与原文"新格元素"的字面意思相差甚远，但都喻指革新、创新。第四例的译文 Just For Me 可以理解为"（正好）为我而做"或"正中我意"，与中文原文"我穿我衣"的意思并非完全吻合，但在"为了我"这一点上却殊途同归。第五例的译文 Vanguard 有"先锋""前卫"等意思，与中文品牌"华润万家"的字面含义显然不一样，不过转化后的意思表明企业和品牌争当行业排头兵的精神。这些通过意译产生的译名，行文的意义多多少少都发生了一些变化，但这些变化并没有削弱原品牌/商标的意义，而是以原文意义为依托，从不同的角度展示了品牌/商标的魅力，甚至在某种程度上加强了原文的意思，较好地实现了品牌/商标的传播功能。

意译是一种变通翻译，不但译文的语义与原文有所不同，而且可能涉及词语的增减和词序的调整，因为译文所用不同的词汇形式和语言结构都可能需要对品牌/商标的语言结构进行重组。例如：

1. 金利来（服装）　　　　　Goldlion
2. 劲霸男装　　　　　　　　K-BOXING
3. 认真活（服装）　　　　　Stay Real
4. 乐巢家居（家具）　　　　LOVHOME
5. 爱婴岛（儿童用品）　　　L-BABY

上面所有五例品牌/商标英语译文不但词义发生了不同程度的变化，而且语言结构也与中文原名有或大或小的差别。除了第三例的译文是分开的两个词语外，其他四个品牌/商标构成译文的单词都被写在了一起（第一、四例）或使用连字符连接在一起（第二、三例）。具体来说，第一例的译文是把 gold 和 lion 两个名词形式合为一个名词，这与原文"金利来"的主谓结构存在巨大差异。第四例译文 LOVHOME 是将动词 love 去掉最后一个字母 e 后跟 home 合二为一，在句法和语义上属于动宾结构，与中文原文"乐巢家居"的偏正结构也迥然不同。第二例译文 K-BOXING 是用连字符把一个字母与一个名词结合在一起，在形式上与原文也有所不同。第五例译文 L-BABY 的形式和结构与原文差别更大——不但使用了连字符号，而且语言结构由原文的偏正结构（爱婴+岛）变为动宾结构，其中 L 是一个形似爱心同时细看也像字母 L 的图案，代表动词 love 的首字母。第三例的译文是唯一一个词语数量与原文相同的例子（都是2个），但句法结构是完全不一样的：译文 Stay Real 这样的表达在英语中通常被视为系表结构，而中文原文"认真活"应该解析为"状语（认真）+动词（活）"，不同于译文。当然，意译过程中语言结构的变化也不能随心所欲，要围绕语义的变化进行，而语义的转变又不能完全脱离原文，不能全然不考虑品牌/商标的功能而"尽情发挥"。

由于品牌/商标使用的言词千差万别，有时还会出现同一个品牌/商标的一部分可以直译而另一部分却最好意译的情况，或者在直译的过程中添加某种意译的成分，这种方法可以被看成意译和直译结合法。例如：

1. 田地能源　　　　　　　Greatland
2. 金山软件　　　　　　　KINGSOFT
3. 贝爱（服装）　　　　　Double Love
4. 喜茶　　　　　　　　　HeyTea
5. 泰爱珠宝　　　　　　　To Love

第一例译文中的英语词语 land 是原中文品牌/商标里"田地"的直译，而 great（广大）却属于添加的部分，用来加强 land 的含义，是意译。第二例译文合成词的第二部分 SOFT 是英语名词 software（软件）的截短词，相当于直译，而 KING（国王）是"金山"的意译。第三例译文中的英语词语 love 是原文第二个词"爱"的直译，但 double 却是根据原名里"贝"的读音联想到"倍数"的"倍"而意译出来的。第四例译文中的英语名词 Tea 是中文原文里"茶"的直译，而 Hey（嘿！——引起注意，表示惊诧等）是以原文"言"的词义为基础延展出来的意思，属于意译。第五例译文里的动词 Love 显然是原文中"爱"的直译，但原中文品牌/商标其他部分的意思都融合在这个词和 to Love 这个短语中了，带有意译的成分。

3.5 创新翻译

与 2.2.5 讨论的企业名称区别性称呼的翻译一样，品牌/商标的翻译也可视情况采用创新翻译的方法，而且可创新的程度可能更大。创新翻译可以完全跳出原文语言形式的框框，也就是说，新生成的译文可以在语音、词汇意义、语法和结构方面完全不同于原文。不过，万变不离其宗——译文应尽力展现品牌/商标的魅力以便圆满实现品牌/商标的语用功能。例如：

1. 芬狄诗（女士内衣等）　　Fandecie
2. 爱豆家（装饰）　　　　　idealidea
3. 爱恋珠宝　　　　　　　　AILAND
4. 金海马（家具）　　　　　Kinhom
5. 万事兴（汽车部件）　　　EVERISE

这五例都可以看作创新翻译，因为在语义、构词等许多方面都与原文有别；虽然前四例有模仿原文发音的痕迹，但相似度较低。从语义方面看，每个品牌/商标译文的意思与原文的差异也不小。第一例的译文 Fandecie 完全是一个生造词，但发音能够使人联想到英语名词 fantasy（幻想、想象），而原文"芬狄诗"是一个女性的名字。第二例的译文 idealidea 是将 ideal（理想的）和 idea（看法、观点）两个词合成在一起，与中文原词语"爱豆家"的语义有一定距离。第三例的译文 AILAND 也是一个生造词，发音与英语词语 island（岛屿）完全一样，但从原文"爱恋珠宝"却难以看出这个意思。第四例的译文 Kinhom 是英语名词 king（国王）或 kin（亲戚、家属）与 home 拼缀在一起的，语义与家居相关，但与原名"金海马"的语义关联并不明显。第五例的译文"EVERISE"显然是英语 ever 和 rise 这两个词语的混成词，意为"永远兴盛"，语义与原文"万事兴"也并非完全相等，但已经算是这五例中与原文意义最接近的了。通过使用创新翻译法，这五例的译文在语音、构词、语义等诸方面都有别于原文，有的差异还相当大，但译文的语义与中文品牌/商标展现产品魅力的作用却是殊途同归的，译文也能够像原文一样很好地实现品牌/商标的传播功能和目的。

创新翻译中使用得最多的具体方法是混成法，或称"拼缀法"，通常是将两个英语词语或其中的一个词"砍头去尾"，然后把两个词拼写为一个词。这个方法不但新颖，而且比较俭省———一个词包含了两个词的意义。例如：

1. 新飞（电器）　　　　　Frestech
2. 美的（电器）　　　　　Midea
3. 哥弟（女装）　　　　　Girdear
4. 天年（保健品）　　　　Vitop
5. 七匹狼（体育用品）　　Septwolves

这五例的译文除了第五例稍微特殊外，基本上都是由两个英语单词通过混成构词法构建的，有的是把两个词都截掉了一部分后将剩余的部分结合在一起，有的是把其中的一个词去掉一部分后与另一个完整的词合二为一。第一例的译文 Frestech 显然是将英语形容词 fresh（新鲜、新奇）的词尾-sh 和名词 technology（科技、技术）的词尾-nology 截掉后合并在一起的，合并后的词义可以理解为"新科技"。第二例的译文 Midea 与英语 my idea 谐音，因此可以视为这两个词的混成词，其意为"我的土息"。第三例的译文 Girdear 应该是英语名词 girl（女孩、姑娘）去掉词尾的字母-l 后跟另一个词 dear（亲爱的）的合体，表达的意思与该品牌的性质（女装）十分吻合。第四例的译文 Vitop 的第一部分可以理解为 VIP 或 victory/victorious 等英语词语的开头部分，第二部分 top 是一个完整的词，前后两部分紧密结合在一起，加强了 top 一词"顶级""顶端"的意思。第五例译文的第一部分 sept-来自拉丁语，是"七"的意思，再与英语名词 wolf 的复数形式 wolves 相结合形成的混成词 Septwolves 也是创新翻译的结果。

在运用创新翻译法时需要特别注意的一点是，无论如何创新或创造，译文都必须符合英语的音韵、词汇、语法和句法规则，以顺应目标语人群的语言规范和习惯，实现品牌和商标的宣传和推广目标。例如：

1. 歌力思（女装）　　　　　ELLASSAY
2. 创世（男装）　　　　　　TRANDS
3. 双虎（家具）　　　　　　Sunhoo
4. 无限极（中草药健康产品）Infinitus

上面五例品牌/商标英语译文的含义各不相同，构词方式也各有特色，但有一点是一致的——语音规则、构词规律等都是符合英语常规的。第一例的译文 ELLASSAY 的前半部分 ELLAS 很像，是法语表示女性人称代词的 elle（她）的变形形式，也是一个英语中的女性人名，后半部分与英语动词 say 的词形一致，将两部分合在一起运用了英语的合成构词法，读音也十分顺畅。第二例的译文 TRANDS 是一个生造的词，发音和词形都与英语名词 trend（趋势、潮流）的复数形式接近。第三例的译文 Sunhoo 是英语名词 sun（太阳）后面添加了一个生造的拟声词 hoo，属于合成构词法，读起来也符合英语的发音规则。第四例的译文 infinitus 也是一个生造词，与英语中 infinite（极大的、无限的）、infinity（无限、无边无际）、infinitude（无限、无穷）等词语的拼写形式和发音非常相似，很容易让人联想到这些词语，词尾的变异音节-tus（[təs]）是英语中常见的音节形式。不少学者在分析和研究品牌/商标的翻译方法时都会提到创新法（冯修文，2010；周瑾，2012；李毓，2018），学者们经常引用的翻译比较成功的例子有"飞龙"（医药）的译文 Pharon、"彩虹"（彩色显像管）的译文 Irico、"金霸王"（电池）的译文 Duracell 等。

在采用创新手法翻译品牌/商标的时候，如果随心所欲、天马行空，完全无视目标语的音韵、词汇、语法和句法规则，译文就可能出现问题，要么晦涩难懂，要么"四不像"，语言形式杂乱无章，读音别扭拗口，甚至出现语义或文化冲突。如"唯美印象"（服装店）的译文 vlmeslon 是一个生造的词，辅音连缀 vl 在英语中是不会出现在词首的，所以英语母语者读起来会不太顺畅。又如前文提到过的"意美斯"（洁具）的译文 Imeiss，它也是一个模仿汉语拼音发音的"创新词"。虽然发音符合英文规律，但词语的第二部分 meiss 在词形上与英语单词 mess（一塌糊涂、乱七八糟）比较相似，极易引起不快的联想，所以也不是理想的译文。

3.6 简缩翻译

笔者之所以把下面要讨论的翻译方法称为"简缩翻译法"而不是翻译界常说的"缩略法"，是因为这种翻译方法除了使用词语的缩略形式外，也使用非缩略形式。这种翻译方法最常见的是把一个品牌/商标译文所有（主要）词语的第一个字母大写后连写在一起（偶尔会有一些变通），或者将中文原文的每一个词或字拼音的第一个字母大写后组合到一起。这种方法特别适用于那些词语较多、较长的品牌和商标。这种形式的译名短小精悍，因此比较容易记住。例如：

1. 中船重工（中国船舶重工集团公司）
   CSIC（China Shipbuilding Industry Corporation）
2. 中国网通（中国网络通信集团公司）
   CNC（China Netcom）
3. 中航工业（中国航空工业集团公司）
   AVIC（The Aviation Industry Corporation of China，Ltd.）
4. 珍视明药业
   ZSM
5. 喜梦宝（家具）
   X·M·B

上面第一、二、三例基本上都是将品牌/商标英语译文的所有主要词语的第一个字母大写后生成的省略形式，特殊情况是第三例的缩写式 AVIC 的第一、二个字母是名词 aviation 第一、二个字母的大写形式。第三、四例品牌/商标在英语中的形式是汉语拼音的缩略式：第三例的译名 ZSM 是中文原文里"珍视明"（zhen shi ming）三个字汉语拼音第一个字母大写后的拼缀形式，原名中的"药业"一词所代表的意思在译文里被省掉了；第五例的译文 X·M·B 是原文"喜梦宝"（xi meng bao）三个字汉语拼音的第一个字母大写后的合写形式。

简缩翻译法的另外一种形式是：英语词语首字母的缩略形式（或中文拼音）加上商品/公司类别。这类缩略式也比较常见，好处是能让人一眼看出品牌/商标所代表的产品或企业的类别。例如：

1. 上汽集团（上海汽车集团）
   SAIC MOTOR
2. 富力地产
   R&F PROPERTIES
3. 上岛咖啡（上岛咖啡食品有限公司）
   U. B. C Coffee
4. 比亚迪汽车
   BYD AUTO
5. 百岁坊（银器饰品）
   BSF Silver

第一、二、三例译文前半部分的缩写形式都是品牌/商标所属公司的英文名称或名称中的一部分词语首字母的大写形式。第一例中的 SAIC 是公司名称 Shanghai Automotive Industry Corp. Group 前四个词首字母的缩略语。第二例中的 R&F 是公司名称中 Rich and Force 三个词首字母的缩略语。第三例中的 U. B. C 是餐馆所属公司名称 Upper Bank Corporation 首字母的缩略语。第四例中的 BYD 是抽取了原文"比亚迪"汉语拼音 bi ya di 三个字的声母字母构成的。第五例中的 BSF 与第四例一样，也是把原文汉语拼音三个字（bai sui fang）的声母字母提取出来构成的缩略词。这五例译文的后半部分都是一个英语名词，指代该品牌/商标所代表的企业性质或产品类别。

简缩翻译法还有一种形式，就是部分中文词语的拼音/英语词语首字母缩略形式加上部分中文词语的音译/意译，即译文并非全部都是品牌/商标英文全称或汉语拼音首字母的缩写式，其中一部分是原文，而另一部分则是中文词语的音译或意译。这种构造与上面刚讨论过的类型有所差别——音译和意译的部分并不是指商品或企业的类别。例如：

1. 中航三鑫（特种玻璃）　　　AVIC SANXIN
2. 中讯（石英石）　　　　　　CXUN
3. 同济阳光（厨卫装饰）　　　TJSUN
4. 天服三悦（服装）　　　　　TF-Sunny
5. 安安金纯（护肤、洗浴品）　A'Gensn

第一例译文里的 AVIC 是该品牌所属公司英文名称 The Aviation Industry Corporation of China, Ltd. 的缩略式，紧跟其后的 SANXIN 是品牌原文"中航三鑫"中"三鑫"一词的拼音转写形式。第二例的译文与该品牌/商标所属公司名称的英语译名 CXUN New Material Co., Ltd.（广东中迅新型材料有限公司）里的缩略式区别性称呼完全一致。第三、四、五例有两个共同点。第一个共同点是译文的前半部分都是汉语词语拼音的首字母缩略式：第三例中的 TJ 是品牌原文中第一、二个字"同济"的拼音 TONGJI 的首字母缩略式，第四例中的 TF 是品牌原文中第一、二个字"天服"的拼音 TIANFU 的首字母缩略式，第五例中的第一个大写字母 A 替代了品牌原文中开头两个"安"字的拼音 AN'AN。这三例的另一个共同点是，它们的第二部分都是中文品牌/商标中第二部分的意译或者音译：第三例译文后半部分的 SUN 是原名中"阳光"的意译；第四例译文后半部分的 Sunny 是原名中"三悦"的音译兼意译；第五例译文后半部分的 Gensn 是原名中"金纯"的音译，与表示"人参"的英语名词 ginseng 发音相似，所以也兼有意译的成分。

我国有些品牌/商标并未严格依据中文原名的发音和意义运用俭省法来取英文名称，也就是说，整个缩略式译文或缩略式的一部分字面上并非中文原品牌/商标英语译文或汉语拼音的缩略，而是其他某个词语或短语的缩略式。例如：

1. 京华数码（软件开发）　　　JWD
2. 星期六（时尚女鞋）　　　　ST&SAT
3. 锦江百浪（热水器）　　　　JNK
4. 一电科技（高科技产品）　　AEE

上面四例中，可以直接从缩略式表面上看出与品牌/商标原文有语义联系的只有第一例中的字母 D（Digital——数码）和第二例译文中的 SAT（Saturday——星期六），这两个品牌译文的其余部分以及第三、四例的译文从字面上很难看出它们与中文原名中字词的语义联系。使用这种缩略语作为中文品牌/商标在英语中的对应表达也是可行的，一是可能企业或译者认为这样才是品牌/商标在英文中的最佳表达方式，二是因为缩略词本身比较简单，虽然外国人对其所表达的具体含义不甚清楚，但只要能够在译名与其所代表的品牌/商品或企业之间建立起联系就行了。

品牌/商标的多样性和复杂性决定了其翻译方法的多样性，最简单的方法是汉语拼音转写，最具挑战性的方法是创新翻译法，还有音译、直译、意译和简缩翻译法。当然，我们所讨论的六种翻译方法也未百分之百地覆盖所有可用的翻译方法，因为译者在翻译品牌/商标的实际操作中，为了取得最佳效果有可能灵活机动地运用语言，以某种特殊的表达方式进行翻译。但不管如何灵活，也不管如何特殊，译文的语言都应该符合译入语的基本语言规则和社会文化习俗，并能够达到宣传和推广品牌/产品或企业的终极目标。

4 企业宣传口号的汉译英方法与技巧

企业宣传口号与企业名称和品牌/商标一样,具有宣传和推广的功能和目的,但也存在比较明显的差别。企业名称的主要功能是将自己的企业与同行业其他企业区分开来,宣传与推广可以说只是其次要功能。品牌/商标的身份区别功能和宣传、推广功能同等重要,但由于字数的限制,宣传和推广的信息量通常都比较单一。而企业宣传口号就不一样了,字数的限制没有品牌/商标那么严格,而且语言形式灵活多变,语言的情感色彩和主观意味比较浓厚,并且是将宣传和推广旗帜鲜明地作为其努力要达到的目的。也正是由于企业宣传口号的这些特点,译者在翻译的时候就需要根据企业中文宣传口号的具体语言形式、修辞特色以及宣传的目标选择正确的翻译方法,以最佳方式顺应目标语接受人群的语言文化习惯,以圆满地达到宣传和推广的目的。

4.1 直译

虽然汉英语言存在很多差别,但也有不少共同点,如词汇都包括名词、动词、形容词、副词这些主要类别,都有"主语+谓语+宾语"这样的句子结构和语序,都存在多义词、同义词、反义词、同音/同形异义词等语义关系,都经常运用明喻、隐喻、换喻、夸张、排比等语言修辞方式。有鉴于此,在翻译企业宣传口号的过程中,有不少时候是可以采用直译法的——只要译文通顺、自然,不会影响目标语接受者的理解就行。例如:

1. 好伙伴,大未来。
   Good partner; great future.
   (南京银行)

2. 为出资人，为社会，为员工。

For investors, for society, for employees.

（国家开发投资集团）

3. 相信改变，创造改变。

Believe in changes, create changes.

（上海国际集团）

4. 打造具有竞争力的不锈钢冷轧企业。

To be the most competitive cold-rolled stainless steel enterprise.

（广东宏旺投资集团）

5. 打造国际一流化纤企业。

Creating a first-class chemical fiber enterprise in the world.

（江苏江南高纤股份）

这五例企业宣传口号的中文原文言词比较简单，语句结构相对单一，排列也比较工整，直译后口号的语义及其宣传功能与原文完全一致。第一例口号的中文原文是由两个名词短语构成的，翻译后仍然是两个名词短语，甚至连词语的数量都没有变，原文和译文每个短语都包含两个词语。这种以名词短语构成的宣传口号不在少数，很多都可以直译，其他的例子如"美丽建筑，美好生活"译为"Beautiful building; wonderful life."（绿城中国控股）；"绿色华菱，绿色钢铁"译为"Green valin; green steel."（湖南华菱钢铁）。第二例口号的原文是三个以"为"开头的介词结构，译文是三个以英语介词 for 起始的介词短语，形式与意义都与原文十分吻合。第三例中文原文是两个动词短语，每个动词各带了一个宾语，英语译文使用的词类和结构也别无二致。我国企业这种十分对称、近似排比的宣传口号相当多。再如"尊重自然，爱护环境"（中海油田服务股份）、"以品质创品牌，以品牌促发展"(浙江湖州美欣达集团),这两例也完全可以分别直译为"Respect nature; care for the environment."和"Quality creates the brand; the brand accelerates development."第四例中文口号是一个"动词+宾语"的短语,名词宾语的定语比较长。英语译文是一个不定式短语,也属于动词类短语,只是在译文定语部分 the most competitive cold-rolled stainless steel 中两个修饰语的词序调换了一下——cold-rolled stainless steel 里 cold-rolled 和 stainless steel 两个词语/短语的词序与原修饰语"不锈钢冷轧"中"不锈钢"和"冷轧"两个词语的词序相反,但这属于比较细微的变化,可以出现在直译中。第五例口号的原文也是一个动宾短语,译文使用了一个-ing 形式的非谓语动词短语,语用功能与口号原文都没有差别,结构方面除了原文中的"国际"一词被转变为一个介词短语 in the world 置于短语末尾外,其余都与原文一致。虽然上面五例都是短语形式,但有些比较长而完整的句子,因为其语言和结构也不复杂,表达的意义也清晰易懂,所以也可以采用直译的方式翻译,如"我们要造世界最好的船舶;我们要做世界最好的船厂"可译为"We want to build the BEST ship in the world; we want to be the best shipyard in the world."(扬子江船业)。

4.2 意译

直译虽然相对容易、直接,但并不是所有的企业宣传口号都适合直译,实际上许多口号直译的效果并不理想。如果硬要直译,译文很可能是中式英语,甚至让外国人无法理解。因此,在这种情况下,要考虑对原文的词义加以引申、拓展或改译,对原文的语言结构也不得不进行一些调整,但整个口号的语义不能偏离太远,而且必须具有与原文同等的宣示、推广或鼓动功能。例如:

1. 让世界爱上中国造。
   Made in China, loved by the world.
   (珠海格力电器)
2. 让患者早日用上更有效药物。
   Providing today's patients with medicines of the future.
   (江苏先声药业)
3. 关爱生命,呵护健康。
   All for health, health for all.
   (国药集团)
4. 打造世界级医药企业,让生命之树常青。
   Better innovation; better health.
   (人福医药集团)
5. 放眼世界,创建未来。
   A global vision into the future.
   (上海国际集团)

这五例的译文都是意译的结果,企业宣传口号的译文在字面意义和语言结构上都与原文存在不同程度的差异,但都是围绕口号原文的语义拓展的,而且都具有与原文基本一致的语用功能。第一例和第二例口号的中文原文结构相同,都使用了中文"让"字开头的兼语式结构,即"动词1+名词1+动词2+名词2",其中"名词1"既是"动词1"的宾语,也是"动词2"的逻辑主语。两个结构相同的中文口号译成英语后使用的句型却完全不一样:第一例的译文使用了两个动词过去分词短语,第二例的译文使用了一个-ing分词短语。从语义上讲,第一例的译文将"让世界爱上中国造"具体化为"世界爱上了格力制造的产品";第二例原文中"早日用上更有效药物"在译文中被转译为"(提供)

未来的药物"。第三例口号原文由两个动词短语构成，译成英文后变成了两个带介词短语的名词结构，而且语义由"关爱生命，呵护健康"改译为"一切为了健康，愿所有人健康"。第四例中文口号原文也是由两个动词短语组成，分别以动词"打造"和"让"开头，而英语译文却是两个名词结构，而且前半段的语义变化较大——由较为宏大的"打造世界级医药企业"具体化为"更多的创新"。第五例中文口号也是由两个动词短语组成，译为英文后融合为一个名词短语，而且原文里"创建"一词的具体词义被省掉了，因为译文的意思是"以全球视野前瞻未来"。虽然这几例的英语译文在语义和结构方面都有这样或者那样的一些变化，但大体上还是围绕中文口号原文的语义展开的，而且最关键的是基本能够在译文中实现原口号的交际功能，达到其宣传、推广和鼓动的目标。

4.3　直译与意译相结合

企业宣传口号翻译中的直译与意译并不是绝对对立的，只是相对而言，因为能够纯粹直译和纯粹意译的口号毕竟是少数，特别是较长的语句，大多数口号的翻译实际上需要直译和意译的有机结合。其实这也是实际情况所迫，因为很多较长的口号无论是采用完全直译或完全意译的方法，翻译出来的效果都不够理想，而两者结合产生的译文却能获得更佳的效果。例如：

1. 与合锻一起，智引你的未来。
    Head for future with HFM.
    （合肥合锻智能制造）
2. 铭记初心，与你同行。
    Let's remain true to our original aspiration and march forward together.

（中国平安保险）

3. 花同样的钱，你应该买到更多的冬虫夏草原草。

Clean orphiocordyceps sinensis saves you more money.

（青海春天药用资源科技股份）

4. 十五年来我们只专注一件事情——精细化工生产。

Dedicated to chemical industry, providing quality products and services.

（安徽中元化工集团）

5. 如果没有做大的速度，就没有做强的机遇。

The chance to become stronger comes from a good speed of development.

（蒙牛乳业）

上面所举五例企业宣传口号的英语译文都是直译与意译相结合的产物，除了第五例为笔者建议的译文外，其他四例均直接取自相关公司的网站或宣传资料。这五例的译文也许仍有可改进之处，但也较好地传达了原中文口号的核心意义和宣传主旨，基本符合英语语言的表达习惯，能够达到口号展现、宣示和鼓动的目的。第一例译文中的 with HFM 是中文口号里前一部分"与合锻一起"的直译，head for future 是原文"智引你的未来"的意译，因为"智引你的未来"原本意为"我们为你指点未来"，但译为 Head for future 之后意思变成了"我们一起奔向未来"，这对于英语母语者人士更易于接受。第二例译文中的 march forward together 基本上是中文口号第二部分"与你同行"的直译，let's remain true to our original aspiration 是原文"铭记初心"的意译，因为中文口号里的"铭记初心"从原句的结构和用词看意思应该是"我们"（本企业）"铭记初心"，并未包括被服务方，而译文中的 let's 却将其包括在内，这样更能够引起消费者的共鸣。

第三例译文里的 clean orphiocordyceps sinensis 是口号原文中"冬虫夏草原草"的直译,译文的后半部分 saves you more money 是原文其余部分的意译——译文不但改变了原文的主语,把"你"改成了"冬虫夏草",而且将原文的语序整个颠倒过来,这符合英语中更常使用物名作为主语的特点。第四例译文中的 dedicated to chemical industry 基本上是中文口号里"只专注……精细化工生产"这部分的直译,译文逗号之后的部分 providing quality products and services 是以原文的语义为基础意译的部分——"专注"和"精细化工生产"的结果就是"高质量"产品,当然还有周到的服务,这会让消费者觉得更加贴心。第五例的译文对口号原文动了较大的"手术",将中文"如果……就……"条件复句转译为英语的一个简单句,把原来的无主句改为了包括主语的完整句,主语是 the chance to become stronger,句子的语义也有所调整,但核心意思完全没变——"做强的机遇"来自"做大的速度";而这两个短语的英译 the chance to become stronger 和 a good speed of development 属于直译。

4.4 省译

由于汉英语言和文化的差异,词语和句子所包含的信息量有所不同,表达的方式也不一样,因此,翻译企业宣传口号时往往有必要对原文的词句加以增减,这就是省译和增译。这两种情况都极为常见,所以笔者将其分为两个小节加以讨论。这一节探讨省译的问题。一般来说,企业宣传口号汉译英使用省译法的时候比使用增译法的时候更多,因为中文口号常常喜欢使用一些比较夸张的语言,这样的语言若一字不漏地转译进英语往往会显得空洞无物或画蛇添足。省译现象经常发生在意译和语句重组之中,有时候很难把它们截然分开。通过省译法翻译的企业宣传口号通常是为了更好地顺应目标语人群的语言和文化习惯,更好地实现

其宣传和推广的语用目的。例如:

1. 东汉醪糟——儿时的回忆
   Childhood Delicacy.
   (四川东柳醪糟)
2. 福耀新视界,汽车新生活。
   New vision, new life.
   (福耀玻璃工业集团)
3. 不断超越,更加优秀。
   Beyond Excellence.
   (香港越秀集团)
4. 专业专注,安全为先。
   Safty First.
   (广州港华燃气)
5. 对每个家庭的居家环保负责任,将绿色环保写入企业使命。
   Green Environmental Protection.
   (红星美凯龙家居)

这五例企业宣传口号的英语译文与其原文相比,都不同程度地省去了一些词语,构成省译,但译文并未丢失原文的精髓,反而更加突出而有效地表达了原文的核心意义。第一例译文省去的部分是原文的整个前半段"东汉醪糟";第二例译文省去的是原文两个部分开头的词语"福耀"和"汽车";第三例和第四例译文都是将原文的四个词语缩减为两个;第五例译文省去的成分更多——将完整的两个长句缩减为一个只有三个词的名词短语。这五个翻译实例的省略都是可行的,因为被省去的部分并未影响译文的表达,或者说在译文中相对而言可有可无。我们可以对每一例的译文再进行一次语义分析：第一例的译文"Childhood Delicacy."实际上包含了"儿时的回忆"；第二例的译文"New vision, new life."所指的"新视野，新生活"不言而喻是福耀车窗玻璃创造的；第三例的译文"Beyond Excellence."显然有"比优秀还优秀"之意；第四例的译文"Safty First"仅仅两个词就把原文"专业专注，安全为先"的核心意思表达得淋漓尽致；第五例的译文"Green Environmental Protection."将原文两个句子表达的意义精髓尽囊其中。显而易见，无论被省去的成分是什么、有多少，使用省译法都必须保留原文的核心意义或精髓，而且要尽量利用英语简洁的表达手段再现出来。

4.5 增译

相对省译而言，企业宣传口号汉译英过程中增译的情况比较少，而且就观察到的宣传口号样本来看，增译主要涉及的是口号的主语等部分，这与属于意合语言的中文无主句多，而属于形合语言的英语句式结构完整的客观事实不无关系。经过添加必要的成分和词语，使译文顺应英语的语言规范，更加通顺、自然。例如：

1. 矢志成为具有核心竞争力的国际一流企业。
   Desay strives to be an international leading company with core competence.
   （德赛集团）
2. 意式精工，质领未来。
   We peer the world with delicate Italian artcraft.
   （东莞绿通电动车）
3. 品味自然高雅。
   Fresh fruit juice from the taste of nature.

（深圳深晖企业）

4. 宇通相伴，安全同行。

Yutong, your trusted brand—providing effective operation solutions to customers worldwide.

（郑州宇通客车）

5. 超强抓地，超乎想象。

My grip is beyond your imagination.

路未尽，行不止。

The world rides on Linglong.

（山东玲珑轮胎）

第一例的中文口号是一个无主句，译文的变化比其他四例简单，口号全句除了添加了一个主语 Desay（口号所指企业）以外，句子其他部分几乎都是直译的。虽然无主句句型的宣传口号汉译英不一定要添加主语，但添加企业名称作为主语不但更符合英语句子的常规，而且有利于凸显企业的形象。第二例译文里的 we peer the world 这部分是添加的成分，中文口号原句中的话题"意式精工"在译文里变成了一个做状语的介词结构 with delicate Italian artcraft，原句对话题的陈述部分"质领未来"在译文中被添加部分 we peer the world 所取代。第三例译文中的 fresh fruit juice 是添加部分，也可以说是由中文口号里的主语"品味"变译过来的，因为"品味"直译的话应该是 the taste；原文里的谓语部分"自然高雅"是两个形容词的组合形式，被译成了一个介词短语 from the taste of nature，做名词短语 fresh fruit juice 的定语，字面意思也有一些改变。第四例的译文添加的内容比较多，破折号后面 providing effective operation solutions to customers worldwide（为全世界的消费者提供行之有效的操作方案）的大部分都是原文并未包含的内容，这使整个宣传口号的内容变得比原文具体多了。第五例有两个较为短小的宣传口号，第一个口号的中文原文是一个话题句，"超强抓地"是话题，"超乎想象"是对话题的陈述，译成英语后添加了主语 my grip, 全句是一个非常严谨和标准的英语句子。第二个中文口号虽然简单但却是两个句子，分别以"路"和"行"作为主语；译文句子只有一个主语 the world，属于添加的部分，介词后面的品牌名称 Linglong 是原文里没有的内容，所以也是添加部分。译文这些内容和结构上的改变使口号的整个语义发生了较大的变化——译文更加突出了企业所造轮胎的优越性和全球消费者的偏爱。

4.6 语句重组

最后专门讨论企业宣传口号翻译过程中语句重组的问题。实际上，前面几个小节讨论的翻译方法都或多或少涉及语言结构的调整，而且无论口号是长是短，语句重组都有可能发生，这当然与中文的意合与英语的形合的语言特征密切相关，但英语语句重组的具体方式和变化的程度要看中文口号原文的语言结构和叙述方式的具体情况。原文语句虽长，但是与英语语言结构和叙述方式相似度较大时，译文语言重组的程度可能并不大；相反，原文语句虽短，但是与英语语言结构和叙述方式相似度很小时，译文语言重组的程度却可能很大。不能忘记的是，翻译中语句重组的目的是以最佳方式传达宣传口号原文的核心意义，取得最佳的传播和推广效果。宣传口号翻译过程中话语重组的模式多种多样，想要"一网打尽"比较困难，不过笔者根据收集到的企业宣传口号的样本及其译文至少可以归纳出以下六种类型加以讨论。

第一种语句重组的情况是由两个动词短语组成的企业中文宣传口号重组为英语的一个动词短语，例如：

1. 超越商业，共创美好世界。

Go beyond commerce for a better world.

（中国航空技术国际控股）

2. 把握今日，收获未来。

Seize the present day toward a better future.

（今日国际控股）

3. 不求最大，但求最好。

To be the best rather than the largest.

（中国光大银行）

4. 追求卓越，不负重托。

Trusting in excellence.

（京都律师事务所）

5. 根植农业，服务全球。

Rooted in agricultural services worldwide.

（河南大用实业）

这五例的中文原文都是由两个动词短语构成的宣传口号，翻译成英语后全部都重组为一个动词短语，只不过动词短语的具体类型有所差别：第一、二、三个口号的英语动词短语是不定式，第四个口号是动词的现在分词，第五个是动词的过去分词。前三例的变化都与英语介词有关——中文口号原文中一个动词所表达的意思被英语的介词所取代：第一、二例原文的第二个动词"共创"和"收获"分别被英语介词 for 和 toward 取代，第三例原文的第一个动词"不求"被介词词组 rather than 替代。第四例和第五例的英语译文与上面三例不尽相同，是将中文口号两个动词短语所表达的意思加以综合后改译为英语的一个动词短语，字面意义与原文也有一定差别。第四例原文"追求卓越，不负重托"意指企业本身，而译文 trusting in excellence（坚信卓越）可以指企业自身，也可以指顾客。第五例原文"根植农业，服务全球"是两个概念,首先是"根植",然后才是"服务",而译文"Rooted in agricultural services worldwide."却将两个概念合在一起成了"立足于全球性的农业服务"。应该说,结构和语义上的这些变化并未给这几个宣传口号造成负面影响,反倒在某种程度上精炼和强化了口号的意义和功能。

第二种语句重组的类别是把中文口号的动词短语重组为名词短语,例如:

1. 给自己的心情放个假!
   Happy Journey!
   (山西新华国际旅行社)
2. 创造丰收喜悦。
   Creation of joyful yield.
   (浙江新农化)
3. 实干创新,逐梦百年。
   A century of innovation and dream.
   (广州广重企业集团)
4. 开启二次创业新征程
   New beginning; new journey.
   (清华同方)
5. 甄选全球,设计尖货。
   Macalline selected.
   (红星美凯龙家居)

这五例的中文口号原文都是由一个或者两个动词短语构成,译为英语后全部都转变为一个或者两个名词短语。第一例实际上是意译,因为"放假"和journey之间虽然没有必然的联系但是有间接的关联,而且"(A) Happy journey!"是英语文化中人们常用的一个祝福语。第二、三例的英语名词短语都运用了英语的介词of，并将这两个口号原文中的动词宾语置于这个介词之后。第二例中的名词 creation 是由动词 create 通过派生构词法转换而来的，实际上还具有一定的动词意味。第四例的英语译文将一个中文动词短语转化为两个名词短语，将原文里的动词"开启"转变为也具有一定动词意味的英语动名词 beginning，以形容词 new 取代了原文中的"二次"。第五例的译文稍微特殊，不但两个动词短语被融合为一个名词短语，而且企业名称 Macalline 的后面紧跟了一个做定语的动词过去分词 selected（精选），使行文更加精简。与原文相比，这几例的译文对原文的字句结构都进行了较大的调整，对原文的语义也进行了一定程度的浓缩，使宣传口号对应的英文表达更加适合英语母语者的思维和理解方式，有利于实现口号的语用功能和终极目标。

第三种语句重组的类型与第二种相反，是把中文宣传口号的名词短语重组为英语的动词短语，例如：

1. 激情美机，锦绣世界。
   Dress the world with passion.
   （浙江美机缝纫机）
2. 全球生物再生科技创先者
   Pioneering global regenerative science & technology.
   （亿胜生物科技）
3. 长期投资制胜的选择
   Triumphing through long-term investment.
   （汇添富基金）

这三例中文口号原文的结构都是一个或者两个名词短语，都转译为英语的一个动词短语，这个短语或是动词原型形式，或是现在分词形式。第一例的译文"Dress the world with passion."形式上是一个祈使句，其意是"让我们……"或"我们要……"，包含了原文的核心语义。第二例和第三例的英语译文分别以 pioneering 和 triumphing 两个动词的现在分词形式将中文名词结构改为动词结构，使语义由静态转变为动态，语言的表达更加形象、生动，有助于实现企业口号宣传和推广的目的。这一类语句重组在企业宣传口号的翻译实践中与上一类相比运用得相对少，这一现象与汉英语言的特点有很大关系——中文里动词比名词活跃，而英语中名词比动词活跃，所以汉译英时常常会用英语的名词或名词词组转译中文的动词或动词词组，反之亦然。

第四种语句重组的类型是把中文的句子重组为英语的名词短语，这与英语频繁使用名词也有一定的关系。例如：

1. 使命创造未来。
   A clear vision of tomorrow.
   （福州福耀玻璃工业集团）
2. 建筑成就美好生活。
   Better architecture, better life.
   （上海建工集团）
3. 亿胜科技，再生未来。
   Tomorrow's today.
   （亿胜生物科技）
4. 空间有限，梦想无限。
   Limited space for unlimited dream.
   （启迪控股）
5. 行有道，达天下。
   Your wish—our ways.
   （北汽集团）

上面五例的前三例中文口号原文都由一个单句构成，后两例由两个小句构成，转译为英语后变成了一个或者两个名词短语。第一个口号的译文"A clear vision of tomorrow."的意思是"清晰洞察明天/未来"，对中文原文里动词"创造"一词的语义有所扩展。第二例的译文"Better architecture, better life."已将口号原文里动词"成就"的语义隐含在内。第三例的译文"Tomorrow's today."（明日之今天）是比较独特的一个表达，是今天要为明日而奋斗的意思，比较含蓄地表达了中文口号原文"再生未来"的含义。第四例口号的中文原文包括两个短句，第二个短句"梦想无限"在译文中被英语介词短语 for unlimited dream 所取代，显示了英语介词结构的独特功能。第五例中文口号的结构比前几例稍微特别，主要是第二个小句是一个无主句，其暗含的主语是泛指的"我们""你"等，即"（如果）行有道，我们/你就能够达天下"。此例的译文"Your wish—our ways."（你的愿望就是我们行动的指南）不但结构由一个句子变为两个名词短语，而且语义与中文原文的字面意思有较大差距，属于意译或改译，表达了全心全意为顾客服务的虔诚态度，不失为一种可行的变通。

第五种语句重组是把中文的无主句重组或补充为主谓完整的句子，例如：

1. 开拓创新，领跑未来。
   Innovation wins the future.
   （芜湖盛力科技）
2. 珍惜每一个客户，做好每一次服务。
   Customer counts, service matters.
   （中国东方资产管理）

3. 有家就有立业。
   Where there is a home, there is a LAB.
   （厦门立业卫浴工业）

这三例中文口号原文全都是由两个或者一个缺少主语的句子构成，译成英语后都转换为一个或者两个带主语的完整句子。第一例的英语译文是把中文原文的两个无主句转变成了一个完整句，主语 innovation 是原文第一个无主句"开拓创新"转换而来的。第二例中文口号原文是两个无主句，被转变为两个带主语的英语小句，两个句子的主语分别由两个中文原句宾语的核心词转化而来：第一个英语句子的主语 customer 对应中文口号第一小句里的"客户"，第二个英语句子的主语 service 对应中文口号第二小句里的"服务"。第三例的英语译文使用了 there be 句型，这种句型常常用来转译中文里很多以"有"做动词的无主句。中文意合特征的突出表现之一就是无主句，无论在什么文体中都很常见；但英语是形合语言，要求语句结构上的完整性，除祈使句、感叹句和口语等特殊情况外，句子结构都比较完整，很少省去主语。因此，使用无主句构成的中文口号经常需要转译为有主语的句子，具体什么词语做主语要根据中文口号原文所包含的词语和意思来决定——经常可以将原文中的某个词语或某个部分转换为英语口号中的主语，但如果这样不妥或行不通就需要添加一个主语，作主语的这个语言成分可能是名词或代词，也可能是动词不定式或者动名词，甚至是一个名词从句。

第六种语句重组是将作为口号的中文话题句重组为英语短语或主谓句，例如：

1. 全球网络，无远弗届。
   Global coverage.

（瑛明律师事务所）

2. 舒适生活，港华相伴。

   More comfortable and enjoyable.

   （广州港华燃气）

3. 美好生活，玉沙制造。

   Creating a better life together.

   （玉沙集团）

4. 浙江好产品，认准品字标。

   Zhejiang makes it happen.

   （浙江美机缝纫机）

5. 优质供应，以质为根。

   Responsibility is the core and guarantee of quality.

   （上海泽帆实业）

这五例中文口号原句结构都可以被视为话题句：开头部分提出一个话题，后面的部分对该话题进行陈述或阐释。这是非常典型的中文句式之一，但这种句式并非英语的常用句式，因此，翻译时就需要进行句式的转换。第一例的译文"Global coverage."（覆盖全球）将整个中文口号转译为英语名词短语，虽然只有仅仅两个词，但这两个词具有较强的表现力，不仅把原文的话题"全球网络"蕴含其中，而且将原文陈述部分"无远弗届"的意思也传达得十分理想。第二例的译文"More comfortable and enjoyable."是口号原文的话题"舒适生活"的变译形式，原文陈述部分"港华相伴"字面表达的意义在译文中被省略了，这样进一步突出了企业生产的产品给用户带来的舒适与快感。第三例的译文"Creating a better life together."是中文口号原文的话题和陈述部分语义的综合，重点是突出"美好"和"制造"。第四、五例的英语译文有一个共同点——都是把中文口号话题句改写为常规结构的英语句了。第四例的英语译义是一个兵补结构的句子,中文口号的话题"浙江好产品"被缩减为英语句子里的主语,其陈述部分"认准品字标"并未按字面意思翻译,但其核心意义却蕴含在译文之中。第五例译文的句型是判断句,口号原文的话题"优质供应"在译文里并未完整、单独体现出来,而是与陈述部分表达的意义一起贯穿于整句译文,与原文一样强调的是企业的责任和产品的质量。中文话题句的内部结构比较复杂,话题部分可以由词语、短语和句子充当,甚至不止一个词语、短语和句子,陈述部分的结构也可能五花八门。因此,把中文话题句翻译成英语的时候,不可能千篇一律,需要根据中文口号原文的内部形式和表达的核心意义进行改写,使其顺应英语的句法规律和英语母语者的行文规范,这样他们才容易理解和接受,也才能顺利实现企业通过宣传口号对外传播和推广产品或服务的目标。

实际上,上述六种类型很难包括企业宣传口号翻译过程中可能发生的语句重组的所有具体情况,它们是出现频率比较高的几种类型。在笔者收集的资料中,另外几种重组的情况也时有发生,其中包括:

1. 中文并列句重组为英语复合句,例如:
   水润四方,信达天下。
   As water nourishes all, so does our credit.
   (万腾集团)
2. 中文判断句重组为英语被动句,例如:
   忠于使命、勤勉尽责是我们尊奉的核心价值取向。
   We are committed to fulfilling our mandate with a strong sense of responsibility.
   (中国投资)

3. 中文否定句重组为英语肯定句，例如：
世界上没有奇迹，只有专注和聚焦的力量。

The miracle only happens in the power of focus and concentration.

（宁兴控股）

第一例中文宣传口号的两个并列句被重组为英语由 as..., so...结构连接的比较状语从句。第二例中文原句是一个判断句，译文运用了一个英语中比较常见的被动式结构 to be committed to（致力于）。第三例中文口号使用了否定动词"没有"，属于否定形式的句子，但英语译文没有包含任何否定词，属于肯定句。这些宣传口号的句子结构在翻译的过程中都发生了较大的变化，这些变化是为了更好地顺应英语语言的表达习惯，对准确传达原文的语义和达到宣传的目的起着至关重要的作用。

本章分几个小节讨论了我国企业宣传口号的翻译方法，包括直译、意译、直译与意译相结合、省译、增译和语句重组。本章宣传口号的原文以及翻译实例几乎全部取自笔者收集的资料，译文大都可行，有不少翻译得比较精妙，是很好的翻译参考材料。本章各节介绍的翻译方法只是宣传口号翻译实践中使用得较多的方法，并不是所有可能用到的方法。比较遗憾的一点是，本章没有专门讨论宣传口号中修辞手法的翻译问题，希望读者在阅读的过程中从字里行间能窥视一二。

结束语

　　这本小书以四章、数十节的篇幅对我国企业名称、品牌/商标和宣传口号三类用语的汉英语言和语用特征、翻译现状以及翻译的策略和方法进行了较为全面的探讨，期望能够通过介绍这三类用语的特点和分析翻译实践中出现的普遍问题，归纳出翻译每一类用语及其具体类型的最佳策略和方法。这三类用语中，企业名称的结构总体上较为规范，但名称中的区别性称呼各具特色，翻译时需要一定程度的灵活变通。品牌/商标虽然比较短小，但语言形式却并不简单，翻译时必须格外小心，经常需要参考与之相关的图标和企业名称。企业宣传口号是最为复杂的一类，不但种类繁多，而且语言结构灵活多变，因此，译者动手翻译之前有必要认真分析宣传口号的语言结构、修辞特点和语用含义，然后有的放矢地选择翻译的策略和方法。虽然企业名称、品牌/商标和宣传口号三类用语有其自身的语言和语用特点，翻译时需要采取不同的翻译手法"各个击破"，但翻译的一些基本原则和方法对三类用语都具有重要的指导作用，包括语用顺应原则、功能对等原则、归化原则和异化原则、直译与意译等。当然，熟能生巧，经常进行翻译实践也是成功翻译这三类用语必不可少的一环。

　　虽然笔者自认为在研究和写作过程中已竭尽全力，但能力所限，而且不是商务出身，字里行间或有不妥之处。笔者诚心希望译界同行和有商务背景的人士不吝赐教，指出书中可能存在的瑕疵，笔者将十分感激，也希望能有机会与译界同行和学者们就相关话题进行更加深入的探讨和研究。

附　　录

附录一　我国知名企业名称汉英对照

（按汉语拼音首字母顺序排列）

阿里巴巴集团控股有限公司
　　Alibaba Group Holdings Limited
爱奇艺有限公司
　　iQIYI Inc.
安道麦股份有限公司
　　ADAMA Ltd.
鞍钢股份有限公司
　　Angang Steel Co., Ltd.
安徽古井集团有限公司
　　Anhui Gujing Group Co., Ltd.
安徽海螺水泥股份有限公司
　　Anhui Conch Cement Co., Ltd.
安徽建工集团股份有限公司
　　Anhui Construction Engineering Group Co., Ltd.
安徽江淮汽车集团股份有限公司
　　Anhui Jianghuai Automobile Group Corp., Ltd.
安踏体育用品有限公司
　　ANTA Sports Products Limited
安阳钢铁股份有限公司
　　AnYang Iron & Steel Inc.
百度集团股份有限公司

Baidu, Inc.

白世集团
BEST Inc.

白银有色集团股份有限公司
Baiyin Nonferrous Group Co., Ltd.

保利发展控股集团股份有限公司
Poly Developments and Holdings Group Co., Ltd.

保利置业集团股份有限公司
Poly Property Group Co., Ltd.

宝龙地产控股有限公司
Powerlong Real Estate Holdings Limited

宝山钢铁股份有限公司
Baoshan Iron & Steel Co., Ltd.

宝胜科技创新股份有限公司
Baosheng Science and Technology Innovation Co., Ltd.

宝业集团股份有限公司
Baoye Group Co., Ltd.

北方华锦化学工业股份有限公司
North Huajin Chemical Industries Co., Ltd.

北京北辰实业股份有限公司
Beijing North Star Co., Ltd.

北京东方雨虹防水技术股份有限公司
Beijing Oriental Yuhong Waterproof Technology Co., Ltd.

北京东方园林环境股份有限公司
Beijing Orient Landscape Co., Ltd.

北京金隅集团股份有限公司
BBMG Corporation

北京京能电力股份有限公司

Beijing Jingneng Power Co., Ltd.

北京控股有限公司
Beijing Enterprises Holdings Ltd.

北京蓝色光标数据科技股份有限公司
BlueFocus Intelligent Communications Group Co., Ltd.

北京汽车股份有限公司
Baic Motor Corp., Ltd.

北京三快科技有限公司
Beijing Science and Technology Company, Three Fast Online

北京首都开发股份有限公司
Beijing Capital Development Co., Ltd.

北京首钢股份有限公司
Beijing Shougang Co., Ltd.

北京同仁堂(集团)有限公司
Beijing Tong Ren Tang (Group) Co., Ltd.

北京银行股份有限公司
Bank of Beijing Co., Ltd.

贝壳
Ke Holdings Inc.

北控水务集团有限公司
Beijing Enterprises Water Group Limited

北汽福田汽车股份有限公司
Beiqi Foton Motor Co., Ltd.

本钢板材股份有限公司
Bengang Steel Plates Co., Ltd.

碧桂园控股有限公司
Country Garden Holdings Co., Ltd.

比亚迪股份有限公司

BYD Co., Ltd.

渤海银行股份有限公司
China Bohai Bank Co., Ltd.

渤海租赁股份有限公司
Bohai Leasing Co., Ltd.

波司登国际服饰（中国）有限公司
Bosideng International Apparel (China) Co., Ltd.

彩虹集团有限公司
Caihong Group Co., Ltd.

长城汽车股份有限公司
Great Wall Motor Co., Ltd.

超威动力控股有限公司
Chaowei Power Holdings Limited

重庆百货大楼股份有限公司
Chongqing Department Store Co., Ltd.

重庆长安汽车股份有限公司
Chongqing Changan Automobile Co., Ltd.

重庆钢铁股份有限公司
Chongqing Iron & Steel Co., Ltd.

重庆建工集团股份有限公司
Chongqing Construction Engineering Group Co., Ltd.

重庆农村商业银行股份有限公司
Chongqing Rural Commercial Bank Co., Ltd.

重庆市迪马实业股份有限公司
Chongqing DIMA Holdings Co., Ltd.

重庆谭木匠有限公司
Chongqing Tan Mujiang Co., Ltd.

重药控股股份有限公司

Chongqing C. Q. Pharmaceutical Holdings Co., Ltd.

创维集团有限公司

Skyworth Group Limited

达利食品集团有限公司

Dali Foods Group Co., Ltd.

大明国际控股有限公司

Da Ming International Holdings Limited

大悦城控股集团股份有限公司

Grandjoy Holdings Group Co., Ltd.

大唐国际发电股份有限公司

Datang International Power Generation Co., Ltd.

大秦铁路股份有限公司

Daqin Railway Co., Ltd.

德邦物流股份有限公司

Deppon Logistics Co., Ltd.

钓鱼台国宾馆

Diaoyutai State Guesthouse

东方电气股份有限公司

Dongfang Electric Corp., Ltd.

东方海外（国际）有限公司

Orient Overseas (International) Limited.

东方证券股份有限公司

Orient Securities Co., Ltd.

东风汽车集团股份有限公司

Dongfeng Motor Group Co., Ltd.

东华能源股份有限公司

Oriental Energy Co., Ltd.

多喜爱集团股份有限公司

Dohia Group Co., Ltd.

烽火通信科技股份有限公司
Fiberhome Telecommunication Technologies Co., Ltd.

佛山美的集团股份有限公司
Foshan Midea Group Co., Ltd.

佛山市天海调味食品股份有限公司
Foshan Tianhai Flavouring and Food Co., Ltd.

福建三钢闽光股份有限公司
Sansteel Minguang Co., Ltd. Fujian

复星国际有限公司
Fosun International Limited

福耀玻璃工业集团股份有限公司
Fuyao Glass Industry Group Co., Ltd.

甘肃酒钢集团宏兴钢铁股份有限公司
Gansu Jiu Steel Group Hongxing Iron & Steel Co., Ltd.

港龙航空有限公司
Hong Kong Dragon Airlines Limited

歌尔股份有限公司
Goertek Inc.

冠捷电子科技股份有限公司
TPV Technology Co., Ltd.

广东电力发展股份有限公司
Guangdong Electric Power Development Co., Ltd.

广东海大集团股份有限公司
Guangdong Haid Group Co., Ltd.

广东领益智造股份有限公司
Guangdong Lingyi iTECH Manufacturing Co., Ltd.

广东纳思达股份有限公司

Guangdong Ninestar Corporation

广东韶钢松山股份有限公司
SGIS Songshan Co., Ltd.

广东 TCL 科技集团股份有限公司
Guangdong TCL Technology Group Co., Ltd.

广发证券股份有限公司
GF Securities Co., Ltd.

广汇汽车服务集团股份公司
China Grand Automotive Services Group Co., Ltd.

光明乳业股份有限公司
Bright Dairy & Food Co., Ltd.

广西桂东电力股份有限公司
Guangxi Guidong Electric Power Co., Ltd.

广西柳工机械股份有限公司
Guangxi Liugong Machinery Co., Ltd.

广州白云山医药集团股份有限公司
Guangzhou Baiyunshan Pharmaceutical Holdings Co., Ltd.

广州发展集团股份有限公司
Guangzhou Development Group Incorporated

广州富力地产股份有限公司
Guangzhou R&F Properties Co., Ltd.

广州金发科技股份有限公司
Guangzhou Kingfa Sci. & Tech. Co., Ltd.

广州立白企业集团有限公司
Guangzhou Liby Enterprise Co., Ltd.

广州农村商业银行股份有限公司
Guangzhou Rural Commercial Bank Co., Ltd.

广州汽车集团股份有限公司

Guangzhou Automobile Group Co., Ltd.

广州王老吉药业股份有限公司
Guangzhou Wanglaoji Pharmaceutical Co., Ltd.

桂林康辉国际旅行社
Guilin Comfort Travel Service Co., Ltd.

贵研铂业股份有限公司
Sino-Platinum Metals Co., Ltd.

贵州茅台酒股份有限公司
Kweichow Moutai Co., Ltd.

国电电力发展股份有限公司
GD Power Development Co., Ltd.

国电南瑞科技股份有限公司
NARI Technology Co., Ltd.

国机汽车股份有限公司
Sinomach Automobile Co., Ltd.

国家电网有限公司
State Grid Corporation of China

国家开发投资集团有限公司
State Development and Investment Group Co., Ltd.

国泰航空有限公司
Cathy Pacific Airways Limited

国泰君安证券股份有限公司
Guotai Junan Securities Co., Ltd.

国泰人寿保险有限公司
Cathay Life Insurance Co., Ltd.

国美零售控股有限公司
GOME Retail Holdings Limited

国投电力控股股份有限公司

SDIC Power Holdings Co., Ltd.

国药控股股份有限公司

Sinopharm Group Co., Ltd.

哈尔滨电气股份有限公司

Harbin Electric Co., Ltd.

哈尔滨飞机工业集团有限公司

Hafei Aviation Industry Co., Ltd.

海底捞国际控股有限公司

Haidilao International Holding Limited

海尔集团股份有限公司

Haier Group Co., Ltd.

海尔智家股份有限公司

Haier Smart Home Co., Ltd.

海航科技股份有限公司

HNA Technology Co., Ltd.

海澜之家集团股份有限公司

HLA Group Corp., Ltd.

海南航空控股股份有限公司

Hainan Airlines Holding Co., Ltd.

海通证券股份有限公司

Haitong Securities Co., Ltd.

海信家电集团股份有限公司

Hisense Home Appliances Group Co., Ltd.

海信视像科技股份有限公司

Hisense Visual Technonogy Co., Ltd.

航天信息股份有限公司

Aisino Co., Ltd.

杭州阿里巴巴集团控股有限公司

Hangzhou Alibaba Group Holdings Limited

杭州滨江房产集团股份有限公司

Hangzhou Binjiang Real Estate Group Co., Ltd.

杭州传化智联股份有限公司

Hangzhou Transfar Zhilian Co., Ltd.

杭州钢铁股份有限公司

Hangzhou Iron & Steel Co., Ltd.

杭州海康威视数字技术股份有限公司

Hangzhou Hikvision Digital Technology Co., Ltd.

杭州老板电器股份有限公司

Hangzhou Robam Appliances Co., Ltd.

杭州娃哈哈集团有限公司

Hangzhou Wahaha Group Co., Ltd.

杭州银行股份有限公司

Bank of Hangzhou Co., Ltd.

好未来教育集团

TAL Education Group

河北建设集团股份有限公司

Hebei Construction Group Corporation Limited

河钢股份有限公司

HBIS Co., Ltd.

合肥荣事达电子电器集团有限公司

Hefei Royalstar Electronic Appliance Group Co., Ltd.

禾丰食品股份有限公司

Wellhope Foods Co., Ltd.

合景泰富集团控股有限公司

KWG Group Holdings Limited

河南莲花味精股份有限公司

Henan Lianhua Gourmet Powder Co., Ltd.

河南双汇投资发展股份有限公司

Henan Shuanghui Investment & Development Co., Ltd.

河南豫光金铅股份有限公司

Henan Yuguang Gold & Lead Co., Ltd.

合生创展集团有限公司

Hopson Development Holdings Ltd.

恒安国际集团有限公司

Hengan International Group Co., Ltd.

恒逸石化股份有限公司

Hengyi Petrochemical Co., Ltd.

红豆集团有限公司

Hodo Group Co., Ltd.

红塔烟草（集团）有限公司

Hongta Tobacco (Group) Co., Ltd.

湖北兴发化工集团股份有限公司

Hubei Xingfa Chemicals Group Co., Ltd.

湖南华菱钢铁股份有限公司

Hunan Valin Steel Co., Ltd.

湖南蓝思科技股份有限公司

Hunan Lens Technology Co., Ltd.

华电国际电力股份有限公司

Huadian Power International Corp., Ltd.

华东医药股份有限公司

Huadong Medicine Co., Ltd.

华能国际电力股份有限公司

Huaneng Power International, Inc.

华能澜沧江水电股份有限公司

Huaneng Lancang River Hydropower Inc.

华润电力控股有限公司

China Resources Power Holdings Co., Ltd.

华润（集团）有限公司

China Resources (Holdings) Co., Ltd.

华润啤酒（控股）有限公司

China Resources Beer (Holdings) Co., Ltd.

华润燃气集团有限公司

China Resources Gas Group Limited

华润水泥控股有限公司

China Resources Cement Holdings Limited

华润医药集团有限公司

China Resources Pharmaceutical Group Limited

华润置地有限公司

China Resources Land Limited

华泰证券股份有限公司

Huatai Securities Co., Ltd.

华为技术有限公司

Huawei Technologies Co., Ltd.

华夏幸福基业股份有限公司

China Fortune Land Development Co., Ltd.

华夏银行股份有限公司

Hua Xia Bank Co., Ltd.

华新水泥股份有限公司

Huaxin Cement Co., Ltd.

花样年控股集团有限公司

Fantasia Holdings Group Co., Ltd.

淮北矿业控股股份有限公司

Huaibei Mining Holdings Co., Ltd.

环旭电子股份有限公司

Universal Scientific Industrial (Shanghai) Co., Ltd.

徽商银行股份有限公司

Huishang Bank Corp., Ltd.

吉利汽车控股有限公司

Geely Automobile Holdings Limited

冀中能源股份有限公司

Jizhong Energy Resources Co., Ltd.

嘉事堂药业股份有限公司

Cachet Pharmaceutical Co., Ltd.

佳兆业集团控股有限公司

Kaisa Group Holdings Limited

建业地产股份有限公司

Central China Real Estate Ltd.

江河创建集团股份有限公司

Jangho Group Co., Ltd.

江铃汽车股份有限公司

Jiangling Motors Corp., Ltd.

江苏长电科技股份有限公司

JCET Group Co., Ltd.

江苏东方盛虹股份有限公司

Jiangsu Eastern Shenghong Co., Ltd.

江苏国泰国际集团股份有限公司

Jiangsu Guotai International Group Co., Ltd.

江苏国信股份有限公司

Jiangsu Guoxin Corp., Ltd.

江苏恒瑞医药股份有限公司

Jiangsu Hengrui Pharmaceuticals Co., Ltd.

江苏亨通光电股份有限公司
Jiangsu Hengtong Optic-Electric Co., Ltd.

江苏汇鸿国际集团股份有限公司
Jiangsu High Hope International Group Corporation

江苏先声药业有限公司
Jiangsu Simcere Pharmaceutical Co., Ltd.

江苏洋河酒厂股份有限公司
Jiangsu Yanghe Brewery Joint-Stock Co., Ltd.

江苏银行股份有限公司
Bank of Jiangsu Co., Ltd.

江苏中南建设集团股份有限公司
Jiangsu Zhongnan Construction Group Co., Ltd.

江苏中天科技股份有限公司
Jiangsu Zhongtian Technology Co., Ltd.

江西铜业股份有限公司
Jiangxi Copper Co., Ltd.

江西正邦科技股份有限公司
Jiangxi Zhengbang Technology Co., Ltd.

交通银行股份有限公司
Bank of Communications Co., Ltd.

金地（集团）股份有限公司
Gemdale Corporation

金发科技股份有限公司
Kingfa Sci. & Tech. Co., Ltd.

金汇控股（集团）有限公司
Radiance Holdings (Group) Co., Ltd.

金科地产集团股份有限公司

Jinke Property Group Co., Ltd.
金利来集团有限公司
Goldlion Holdings Limited
厦门金龙汽车集团股份有限公司
Xiamen King Long Motor Group Co., Ltd.
金融街控股股份有限公司
Financial Street Holdings Co., Ltd.
金山软件股份有限公司
Kingsoft Corporation Limited
晶澳太阳能科技股份有限公司
JA Solar Technology Co., Ltd.
晶科能源控股有限公司
JinkoSolar Holding Co., Ltd.
京东方科技集团股份有限公司
BOE Technology Group Co., Ltd.
京东集团股份有限公司
JD.com, Inc.
京都律师事务所
King & Capital Law Firm
京沪高速铁路股份有限公司
Beijing-Shanghai High Speed Railway Co., Ltd.
酒鬼酒股份有限公司
Jiugui Liquor Co., Ltd.
玖龙纸业（控股）有限公司
Nine Dragons Paper (Holdings) Limited
九州通医药集团股份有限公司
Jointown Pharmaceutical Group Co., Ltd.
开滦能源化工股份有限公司

Kailuan Energy Chemical Co., Ltd.

康佳集团股份有限公司

Konka Group Co., Ltd.

康师傅控股有限公司

Master Kong Holdings Co., Ltd.

昆仑能源有限公司

Kunlun Energy Co., Ltd.

耐世特汽车系统集团有限公司

Nexteer Automotive Group Limited

蓝思科技股份有限公司

Lens Technology Co., Ltd.

浪潮电子信息产业股份有限公司

Inspur Electronic Information Industry Co., Ltd.

廊坊荣盛房地产发展股份有限公司

LangfangRisesun Real Estate Development Co., Ltd.

李宁（中国）体育用品有限公司

Li Ning (China) Sports Goods Co., Ltd.

理文造纸有限公司

Lee & Man Paper Manufacturing Ltd.

立讯精密工业股份有限公司

Luxshare Precision Industry Co., Ltd.

丽珠医药集团股份有限公司

Zhuhai Livzon Pharmaceutical Group Inc.

联华超市股份有限公司

Lianhua Supermarket Holdings Co., Ltd.

联想控股股份有限公司

Legend Holdings Corporation

凌源钢铁股份有限公司

Lingyuan Iron & Steel Co., Ltd.

刘福集团（国际）有限公司
Luk Fook Holdings（International）Ltd.

柳州钢铁股份有限公司
Liuzhou Iron & Steel Co., Ltd.

龙光集团有限公司
Logan Group Co., Ltd.

龙湖集团控股有限公司
Longfor Group Holdings Limited

隆基绿能科技股份有限公司
Longi Green Energy Technology Co., Ltd.

龙源电力集团股份有限公司
China Longyuan Power Group Corp., Ltd.

龙元建设集团股份有限公司
Long Yuan Construction Group Co., Ltd.

陆家嘴国际金融资产交易市场股份有限公司
Shanghai Lujiazui International Financial Asset Exchange Co., Ltd.

鲁西化工集团股份有限公司
Luxi Chemical Group Co., Ltd.

洛阳栾川钼业集团股份有限公司
China Molybdenumn Co., Ltd.

绿城中国控股有限公司
Greentown China Holdings Limited

绿地控股集团股份有限公司
Greenland Holdings Corp., Ltd.

马鞍山钢铁股份有限公司
Maanshan Iron & Steel Co., Ltd.

美的集团股份有限公司
　　Midea Group Co., Ltd.
美的置业控股有限公司
　　Midea Real Estate Holdings Limited
魅族科技有限公司
　　Meizu Telecom Equipment Co., Ltd.
敏捷集团有限公司
　　Nimble Group Co., Ltd.
明阳智慧能源集团股份公司
　　Ming Yang Smart Energy Group Limited
木林森股份有限公司
　　MLS Co., Ltd.
牧原食品股份有限公司
　　Muyuan Foods Co., Ltd.
南京钢铁股份有限公司
　　Nanjing Iron & Steel Co., Ltd.
南京银行股份有限公司
　　Bank of Nanjing, Co., Ltd.
内蒙古包钢钢联股份有限公司
　　Inner Mongolia Baotou Steel Union Co., Ltd.
内蒙古鄂尔多斯资源股份有限公司
　　Inner Mongolia Eerduosi Resources Co., Ltd.
内蒙古霍林河露天煤业股份有限公司
　　Huolinhe Opencut Coal Industry Corp., Ltd. of Inner Mongolia
内蒙古西水创业股份有限公司
　　Xishui Strong Year Co., Ltd. Inner Mongolia
内蒙古伊利实业集团股份有限公司
　　Inner Mongolia Yili Industrial Group Co., Ltd.

内蒙古伊泰煤炭股份有限公司
  Inner Mongolia Yitai Coal Co., Ltd.
宁波建工股份有限公司
  Ningbo Construction Co., Ltd.
宁波金田铜业(集团)股份有限公司
  Ningbo Jintian Copper (Group) Co., Ltd.
宁波均胜电子股份有限公司
  Ningbo Joyson Electronic Corporation.
宁波银行股份有限公司
  Bank of Ningbo Co., Ltd.
宁波舟山港股份有限公司
  Ningbo Zhoushan Port Co., Ltd.
宁德时代新能源科技股份有限公司
  Contemporary Amperex Technology Co., Ltd.
农夫山泉股份有限公司
  Nongfu Spring Co., Ltd.
欧菲光集团股份有限公司
  OFILM Group Co., Ltd.
欧派家居集团股份有限公司
  Oppein Home Group Inc.
庞大汽贸集团股份有限公司
  Pang Da Automobile Trade Co., Ltd.
平顶山天安煤业股份有限公司
  Pingdingshan Tianan Coal Mining Co., Ltd.
拼多多
  Pinduoduo Inc.
青岛海信电器股份有限公司
  Qingdao Hisense Electric Co., Ltd.

青岛啤酒股份有限公司
　　Tsingtao Brewcry Co., Ltd.
屈臣氏集团（香港）有限公司
　　A. S. Watson Group（Hong Kong）Ltd.
人福医药集团股份公司
　　Humanwell Healthcare（Group）Co., Ltd.
仁恒置地集团有限公司
　　Yanlord Land Group Limited
融创中国控股有限公司
　　Sunac China Holdings Limited
融信中国控股有限公司
　　Ronshime China Holdings Limited
荣盛房地产发展股份有限公司
　　Risesun Real Estate Development Co., Ltd.
荣盛石化股份有限公司
　　Rongsheng Petrochemical Co., Ltd.
瑞康医药集团股份有限公司
　　Realcan Pharmaceutical Group Co., Ltd.
瑞茂通供应链管理股份有限公司
　　CCS Supply Chain Management Co., Ltd.
三一重工股份有限公司
　　SANY Heavy Industry Co., Ltd.
山东晨鸣纸业集团股份有限公司
　　Shandong Chenming Paper Holdings Limited
山东钢铁股份有限公司
　　Shandong Iron and Steel Co., Ltd.
山东恒邦冶炼股份有限公司
　　Shandong Humon Smelting Co., Ltd.

山东高速路桥集团股份有限公司
　　Shandong Hi-Speed Road & Bridge Group Co., Ltd.
山东黄金矿业股份有限公司
　　Shandong Gold Mining Co., Ltd.
山东南山铝业股份有限公司
　　Shandong Nanshan Aluminium Co., Ltd.
山东太阳纸业股份有限公司
　　Shandong Sun Paper Co., Ltd.
山煤国际能源集团股份有限公司
　　Shanxi Coal International Energy Group Co., Ltd.
山西华阳集团新能股份有限公司
　　Shanxi Hua Yang Group New Energy Co., Ltd.
山西焦煤能源集团股份有限公司
　　Shanxi Coking Coal Energy Group Co., Ltd.
山西太钢不锈钢股份有限公司
　　Shanxi Taigang Stainless Steel Co., Ltd.
山西潞安环保能源开发股份有限公司
　　Shanxi Lu'An Environmental Energy Dev. Co., Ltd.
陕西建工集团股份有限公司
　　Shaanxi Construction Engineering Group Corporation Limited
陕西煤业股份有限公司
　　Shaanxi Coal Industry Co., Ltd.
山鹰国际控股股份公司
　　Shanying International Holdings Co., Ltd.
上海百联集团股份有限公司
　　Shanghai Bailian Group Co., Ltd.
上海电气集团股份有限公司
　　Shanghai Electric Group Co., Ltd.

上海钢联电子商务股份有限公司
　　Shanghai Ganglian E-Commerce Holdings Co., Ltd.
上海国际港务集团股份有限公司
　　Shanghai International Port (Group) Co., Ltd.
上海国际集团有限公司
　　Shanghai International Group Co., Ltd.
上海华谊集团股份有限公司
　　Shanghai Huayi Group Corporation Limited
上海家化联合股份有限公司
　　Shanghai Jahwa United Co., Ltd.
上海建工集团股份有限公司
　　Shanghai Construction Group Co., Ltd.
上海锦江国际酒店（集团）股份有限公司
　　Shanghai Jinjiang International Hotels (Group) Limited
上海老凤祥有限公司
　　Shanghai Laofengxiang Co., Ltd.
上海梅林正广和股份有限公司
　　Shanghai Malin Aquarius Co., Ltd.
上海浦东发展银行股份有限公司
　　Shanghai Pudong Development Bank Co., Ltd.
上海汽车集团股份有限公司
　　SAIC Motor Corporation Limited
上海世茂股份有限公司
　　Shanghai Shimao Co., Ltd.
上海实业控股有限公司
　　Shanghai Industrial Holdings Limited
上海隧道工程股份有限公司
　　Shanghai Tunnel Engineering Co., Ltd.

上海医药集团股份有限公司
 Shanghai Pharmaceuticals Holdings Co., Ltd.
上海银行股份有限公司
 Bank of Shanghai Co., Ltd.
上海振华重工（集团）股份有限公司
 Shanghai Zhenhua Heavy Industries Co., Ltd.
申能股份有限公司
 Shenergy Co., Ltd.
申通快递股份有限公司
 STO Express Co., Ltd.
申万宏源集团股份有限公司
 Shenwan Hongyuan Group Co., Ltd.
深圳比亚迪股份有限公司
 BYD Co., Ltd.
深圳传音控股股份有限公司
 Shenzhen Transsion Holdings Co., Ltd.
深圳华侨城股份有限公司
 Shenzhen Overseas Chinese Town Co., Ltd.
深圳迈瑞生物医疗电子股份有限公司
 Shenzhen Mindray Bio-Medical Electronic Co., Ltd.
深圳能源集团股份有限公司
 Shenzhen Energy Group Co., Ltd.
深圳市爱施德股份有限公司
 Shenzhen Aisidi Co., Ltd.
深圳市德赛电池科技股份有限公司
 Shenzhen Desay Battery Technology Co., Ltd.
深圳市海王生物工程股份有限公司
 Shenzhen Heptunus Bioengineering Co., Ltd.

深圳市怡亚通供应链股份有限公司
　　Shenzhen Eternal Asia Supply Chain Management Ltd.

深圳市中金岭南有色金属股份有限公司
　　Shenzhen Zhongjin Lingnan Nonfemet Co., Limited.

申洲国际集团控股有限公司
　　Shenzhou International Group Holdings Limited

神州数码集团股份有限公司
　　Digital China Group Co., Ltd.

盛屯矿业集团股份有限公司
　　Shengtun Mining Group Co., Ltd.

时代中国控股有限公司
　　Times China Holdings Limited

世茂集团控股有限公司
　　Shimao Group Holdings Limited

石药集团股份有限公司
　　CSPC Pharmaceutical Group Limited

首创置业股份有限公司
　　Beijing Capital Land Ltd.

首旅建国酒店管理集团
　　Beijing Tourism Group Co., Ltd.

顺丰控股股份有限公司
　　S. F. Holdings Co., Ltd.

舜宇光学科技（集团）有限公司
　　Sunny Optical Technology (Group) Co., Ltd.

四川长虹电器股份有限公司
　　Sichuan Changhong Electric Co., Ltd.

四川路桥建设集团股份有限公司
　　Sichuan Road & Bridge Co., Ltd.

四川蓝光发展股份有限公司
　　Sichuan Languang Development Co., Ltd.
四川永辉超市股份有限公司
　　Sichuan Yonghui Superstores Co., Ltd.
苏美达股份有限公司
　　Sumec Corp., Ltd.
苏宁易购集团股份有限公司
　　Suning.com Co., Ltd.
苏州东山精密制造股份有限公司
　　Suzhou Dongshan Precision Manufacturing Co., Ltd.
苏州金螳螂建筑装饰股份有限公司
　　Suzhou Gold Mantis Construction Decoration Co., Ltd.
太平洋咖啡有限公司
　　Pacific Coffee Co., Ltd.
唐山冀东水泥股份有限公司
　　Tangshan Jidong Cement Co., Ltd.
唐山三友化工股份有限公司
　　Tangshan Sanyou Chemical Industries Co., Ltd.
TCL 电子控股有限公司
　　TCL Electronics Holdings Limited
TCL 科技集团股份有限公司
　　TCL Technology Group Corporation
腾讯控股有限公司
　　Tencent Holdings Limited
天地科技股份有限公司
　　Tian Di Science & Technology Co., Ltd.
天合光能股份有限公司
　　Trina Solar Co., Ltd.

天虹纺织集团有限公司
　　Texhong Textile Group Limited
天津飞鸽车业发展有限公司
　　Tianjin Flying Pigeon Development Co., Ltd.
天津广宇发展股份有限公司
　　Tianjin Guangyu Development Co., Ltd.
天津泰达股份有限公司
　　Tianjin TEDA Co., Ltd.
天津友发钢管集团股份有限公司
　　Tianjin You Fa Steel Pipe Group Co., Ltd.
天马微电子股份有限公司
　　Tianma Microelectronics Co., Ltd.
天茂实业集团股份有限公司
　　Hubei Biocause Pharmaceutical Co., Ltd.
天能动力国际有限公司
　　Tianneng Power International Limited.
天山铝业集团股份有限公司
　　Tianshan Aluminium Group Co., Ltd.
天王电子（深圳）有限公司
　　Tianwang Electronics (Shenzhen) Co., Ltd.
天音通信控股股份有限公司
　　Telling Telecommunication Holdings Co., Ltd.
同方股份有限公司
　　Tsinghua Tongfang Co., Ltd.
桐昆集团股份有限公司
　　Tongkun Group Co., Ltd.
铜陵有色金属集团股份有限公司
　　Tongling Nonferrous Metals Group Co., Ltd.

统一企业中国控股有限公司
 Uni-President China Holdings Ltd.
万达控股集团有限公司
 China Wanda Group Co., Ltd.
万华化学集团股份有限公司
 Wanhua Chemical Group Co., Ltd.
万科企业股份有限公司
 China Vanke Co., Ltd.
万洲国际有限公司
 WH Group Limited
网易公司
 NetEase, Inc.
潍柴动力股份有限公司
 Weichai Power Co., Ltd.
潍坊歌尔股份有限公司
 Weifang Goertek Inc.
唯品会控股有限公司
 Vipshop Holdings Limited.
伟士佳杰控股有限公司
 VSTECS Holdings Limited
温氏食品集团股份有限公司
 Wens Foodstuff Group Co., Ltd.
闻泰科技股份有限公司
 Wingtech Technology Co., Ltd.
物产中大集团股份有限公司
 Wuchan Zhongda Group Co., Ltd.
五矿发展股份有限公司
 Minmetals Development Co., Ltd.

五矿资源有限公司
    MMG Limited
西部矿业股份有限公司
    Western Mining Co., Ltd.
西西弗书店
    SiSYPHE Park Books & Up Coffee
厦门建发股份有限公司
    Xiamen C&D Inc.
厦门国贸集团股份有限公司
    Xiamen ITG Group Corp., Ltd.
厦门象屿股份有限公司
    Xiamen Xiangyu Co., Ltd.
厦门信达股份有限公司
    Xiamen Xindeco Ltd.
香格里拉国际饭店管理有限公司
    Shangri-La International Hotel Management Limited.
祥生控股（集团）有限公司
    Shinsun Holdings（Group）Co., Ltd.
小米集团
    Xiaomi Corporation
携程集团有限公司
    Trip.com Group Limited
新奥天然气股份有限公司
    ENN Natural Gas Co., Ltd.
新城发展控股有限公司
    Seazen Group Limited
新凤鸣集团股份有限公司
    Xinfengming Group Co., Ltd.

新疆八一钢铁股份有限公司
  Xinjiang Ba Yi Iron & Steel Co., Ltd.
新疆金风科技股份有限公司
  Xinjiang Goldwind Science & Technology Co., Ltd.
新疆中泰化学股份有限公司
  Xinjiang Zhongtai Chemical Co., Ltd.
新华人寿保险股份有限公司
  New China Life Insurance Co., Ltd.
信利国际有限公司
  Truly International Holdings Limited.
新希望六和股份有限公司
  New Hope Liuhe Co., Ltd.
新兴铸管股份有限公司
  Xinxing Ductile Iron Pipes Co., Ltd.
新余钢铁股份有限公司
  Xinyu Iron & Steel Co., Ltd.
兴旺达电子股份有限公司
  Sunwoda Electronic Co., Ltd.
兴业银行股份有限公司
  Industrial Bank Co., Ltd.
徐工集团工程机械股份有限公司
  XCMG Construction Machinery Co., Ltd.
旭辉控股（集团）有限公司
  CIFI Holdings (Group) Co., Ltd.
雅戈尔集团股份有限公司
  Youngor Group Co., Ltd.
雅居乐集团控股有限公司
  Agile Group Holdings Limited

延长石油国际有限公司
　　Yanchang Petroleum International Limited
烟台瑞康医药集团股份有限公司
　　Yantai Realcan Pharmaceutical Co., Ltd.
兖州煤业股份有限公司
　　Yanzhou Coal Mining Co., Ltd.
阳光城集团股份有限公司
　　Yango Group Co., Ltd.
阳煤化工股份有限公司
　　Yangmei Chemical Co., Ltd.
扬子江船业集团公司
　　Yangzijiang Shipbuilding Group Limited.
宜宾天原集团股份有限公司
　　Yibin Tianyuan Group Co., Ltd.
宜宾五粮液股份有限公司
　　Wuliangye Yibin Co., Ltd.
一汽解放集团股份有限公司
　　FAW Jiefang Group Co., Ltd.
永辉超市股份有限公司
　　Yonghui Superstores Co., Ltd.
永泰能源股份有限公司
　　Wintime Energy Co., Ltd.
玉柴国际有限公司
　　China Yuchai International Ltd.
玉沙集团有限公司
　　YuSha Group Co., Ltd.
宇通客车股份有限公司
　　Yutong Bus Co., Ltd.

袁隆平农业高科技股份有限公司
　　Yuan Longping High-tech Agriculture Co., Ltd.
圆通速递股份有限公司
　　YTO Express Group Co., Ltd.
粤海（国际）酒店管理集团有限公司
　　Guangdong (INT'L) Hotel Management Holdings Limited
粤海投资有限公司
　　Guangdong Investment Limited
越秀地产股份有限公司
　　Yuexiu Property Co., Ltd.
韵达控股股份有限公司
　　Yunda Holding Co., Ltd.
云南白药集团股份有限公司
　　Yunnan Baiyao Group Co., Ltd.
云南铝业股份有限公司
　　Yunnan Aluminium Co., Ltd.
云南铜业股份有限公司
　　Yunnan Copper Co., Ltd.
云南锡业股份有限公司
　　Yunnan Tin Co., Ltd.
云南云天化股份有限公司
　　Yunnan Yuntianhua Co., Ltd.
远大产业控股股份有限公司
　　Grand Industrial Holdings Co., Ltd.
远东宏信有限公司
　　Far East Horizon Limited
远洋集团控股有限公司
　　Sino-Ocean Group Holdings Limited

招商局蛇口工业区控股股份有限公司
  China Merchants Shekou Industrial Zone Holdings Co., Ltd.
招商银行股份有限公司
  China Merchants Bank Co., Ltd.
招商证券股份有限公司
  China Merchants Securities Co., Ltd.
浙江大华技术股份有限公司
  Zhejiang Dahua Technology Co., Ltd.
浙江海亮股份有限公司
  Zhejiang Hailiang Co., Ltd.
浙江华友钴业股份有限公司
  Zhejiang Huayou Cobalt Co., Ltd.
浙江吉利控股集团有限公司
  Zhejiang Geely Holding Group Co., Ltd.
浙江交通科技股份有限公司
  Zhejiang Communications Technology Co., Ltd.
浙江苏泊尔股份有限公司
  Zhejiang Supor Co., Ltd.
浙江因特集团股份有限公司
  Zhejiang Int'l Group Co., Ltd.
浙江甬金金属科技股份有限公司
  Zhejiang Yongjin Metal Technology Co., Ltd.
浙江浙能电力股份有限公司
  Zhejiang Zheneng Electric Power Co., Ltd.
浙江正泰电器股份有限公司
  Zhejiang Chint Electrics Co., Ltd.
浙农集团股份有限公司
  ZJAMP Group Co., Ltd.

浙商银行股份有限公司
　　China Zheshang Bank Co., Ltd.
浙商中拓集团股份有限公司
　　Zheshang Development Group Co., Ltd.
正荣地产集团有限公司
　　Zhenro Properties Group Limited
郑州煤矿机械集团股份有限公司
　　Zhengzhou Coal Mining Machinery Group Co., Ltd.
志邦家居股份有限公司
　　ZBOM Home Collection Co., Ltd.
中储发展股份有限公司
　　CMST Development Co., Ltd.
中国奥园集团有限公司
　　China Aoyuan Group Limited
中国北方稀土（集团）高科技股份有限公司
　　China Northern Rare Earth (Group) High-Tech Co., Ltd.
中国兵器装备集团有限公司
　　China South Industries Group Co., Ltd.
中国长江电力股份有限公司
　　China Yangtze Power Co., Ltd.
中国船舶工业股份有限公司
　　China CSSC Holdings Limited
中国船舶集团有限公司
　　China State Shipbuilding Corp., Ltd.
中国船舶重工集团动力股份有限公司
　　China Shipbuilding Industry Group Power Co., Ltd.
中国船舶重工股份有限公司
　　China Shipbuilding Industry Co., Ltd.

中国大唐集团有限公司
　　China Datang Corp., Ltd.
中国大冶有色金属矿业有限公司
　　China Daye Non-ferrous Metals Mining Limited
中国电力国际发展股份有限公司
　　China Power International Development Limited
中国电力建设股份有限公司
　　Power Construction Corporation of China, Limited.
中国电信股份有限公司
　　China Telecom Corporation Limited
中国电子信息产业集团有限公司
　　China Electronics Corporation
中国东方航空股份有限公司
　　China Eastern Airlines Corp., Ltd.
中国东方集团股份有限公司
　　China Oriental Group Co., Ltd.
中国工商银行股份有限公司
　　Industrial & Commercial Bank of China Limited
中国光大环境（集团）股份有限公司
　　China Everbright Environment Group Limited
中国光大实业（集团）有限公司
　　China Everbright Industries Group Co., Ltd.
中国光大银行股份有限公司
　　China Everbright Bank Co., Ltd.
中国广核电力股份有限公司
　　CGN Power Co., Ltd.
中国国际海运集装箱（集团）股份有限公司
　　China International Marine Containers (Group) Co., Ltd.

中国国际航空股份有限公司
　　Air China Limited
中国航空油料集团公司
　　China National Aviation Fuel Group Limited
中国国际金融股份有限公司
　　China International Capital Corp., Ltd.
中国海外宏洋集团有限公司
　　China Overseas Grand Oceans Group Limited
中国海洋石油有限公司
　　CNOOC Limited
中国航发动力股份有限公司
　　Aecc Aviation Power Co., Ltd.
中国航空工业集团公司
　　Aviation Industry Corp. of China
中国航空技术国际控股有限公司
　　AVIC International Holding Corporation
中国航空科技工业股份有限公司
　　AviChina Industry and Technology Co., Ltd.
中国航天科工集团有限公司
　　China Aerospace Science and Industry Corp., Ltd.
中国航油（新加坡）股份有限公司
　　China Aviation Oil (Singapore) Corp., Ltd.
中国核工业建设股份有限公司
　　China Nuclear Engineering and Construction Corp., Ltd.
中国核能电力股份有限公司
　　China National Nuclear Power Co., Ltd.
中国宏桥集团有限公司
　　China Hongqiao Group Limited

中国化工集团有限公司
　　China National Chemical Corporation
中国化工进出口总公司
　　China National Chemical Import and Export Corporation
中国化学工程股份有限公司
　　China National Chemical Engineering Co., Ltd.
中国黄金集团黄金珠宝股份有限公司
　　China National Gold Group Gold Jewellery Co., Ltd.
中国机械工业集团有限公司
　　China National Machinery Industry Corp., Ltd.
中国建材股份有限公司
　　China National Building Material Co., Ltd.
中国建设银行股份有限公司
　　China Construction Bank Corporation
中国建筑材料集团有限公司
　　China National Building Material Group Co., Ltd.
中国建筑股份有限公司
　　China State Construction Engineering Corp., Ltd.
中国交通建设股份有限公司
　　China Communications Construction Co., Ltd.
中国金茂控股集团有限公司
　　China Jinmao Holdings Group Limited
中国联合网络通信集团有限公司
　　China United Network Communications Co., Ltd.
中国联塑集团股份有限公司
　　China Lesso Group Holdings Limited
中国粮油控股有限公司
　　China Agri-Industries Holdings Limited

中国林业集团有限公司
China forestry Group Corporation
中国铝业股份有限公司
Aluminium Corporation of China Limited
中国旅游集团中免股份有限公司
China Tourism Group Duty Free Corp., Ltd.
中国美东汽车控股有限公司
China Meidong Auto Holdings Limited
中国蒙牛乳业有限公司
China Mengniu Dairy Co., Ltd.
中国民航信息集团有限公司
China Travelsky Holding Company
中国民生银行股份有限公司
China Minsheng Banking Corp., Ltd.
中国南方电网有限公司
China Southern Power Grid Co., Ltd.
中国南方航空股份有限公司
China Southern Airlines Co., Ltd.
中国能源建设股份有限公司
China Energy Engineering Corp., Ltd.
中国农业银行股份有限公司
Agricultural Bank of China Limited
中国平安保险(集团)股份有限公司
Pang An Insurance (Group) Company of China, Ltd.
中国全聚德(集团)股份有限公司
China Quanjude (Group) Co., Ltd.
中国人民保险集团股份有限公司
The People's Insurance Company (Group) of China Limited

中国人寿保险股份有限公司
　　China Life Insurance Co., Ltd.
中国山水水泥集团有限公司
　　China Shanshui Cement Group Limited
中国机械设备工程股份有限公司
　　China Machinery Engineering Corporation
中国神华能源股份有限公司
　　China Shenhua Energy Co., Ltd.
中国生物制药有限公司
　　Sino Biopharmaceutical Limited
中国石油化工股份有限公司
　　China Petroleum & Chemical Corporation
中国石油集团工程股份有限公司
　　China Petroleum Engineering Co., Ltd.
中国石油集团资本股份有限公司
　　Cnpc Capital Co., Ltd.
中国石油天然气股份有限公司
　　Petrochina Co., Ltd.
中国太平保险（集团）有限公司
　　China Taiping Insurance (Group) Limited.
中国天盈股份有限公司
　　China Tianying Inc.
中国铁建股份有限公司
　　China Railway Construction Corp., Ltd.
中国铁路工程总公司
　　China Railway Engineering Co., Ltd.
中国铁路通信信号股份有限公司
　　China Railway Signal and Communication Corp., Ltd.

中国铁路物资股份有限公司
　　China Railway Materials Co., Ltd.

中国铁塔股份有限公司
　　China Tower Corporation Limited

中国通信服务股份有限公司
　　China Communications Services Corp., Ltd.

中国外运股份有限公司
　　Sinotrans Limited

中国信达资产管理股份有限公司
　　China Cinda Asset Management Co., Ltd.

中国旭阳集团有限公司
　　China Risun Group Limited

中国冶金科工股份有限公司
　　Metalurgical Corporation of China, Ltd.

中国移动有限公司
　　China Mobile Limited

中国医药集团有限公司
　　China National Pharmaceutical Group Corporation

中国医药健康产业股份有限公司
　　China Meheco Group Co., Ltd.

中国银行股份有限公司
　　Bank of China Limited

中国永达汽车服务控股有限公司
　　China Yongda Automobiles Services Holdings Limited

中国邮政储蓄银行股份有限公司
　　Postal Savings Bank of China Co., Ltd.

中国再保险（集团）股份有限公司
　　China Reinsurance (Group) Corporation

中国中车股份有限公司
　　CRRC Corporation Limited
中国中化控股有限公司
　　Sinochem Holdings Corp., Ltd.
中国中煤能源股份有限公司
　　China Coal Energy Co., Ltd.
中国重汽（香港）有限公司
　　Sinotruck (Hong Kong) Limited
中国中铁股份有限公司
　　China Railway Group Limited
中国中旺控股有限公司
　　China Zhongwang Holdings Limited
中国中信股份有限公司
　　CITIC Limited
中国重型汽车集团有限公司
　　China National Heavy Duty Truck Group Co., Ltd.
中海油能源发展股份有限公司
　　Cnooc Energy Technology & Services Limited
中海油田服务股份有限公司
　　China Oilfield Services Limited
中化国际（控股）股份有限公司
　　Sinochem International Corporation
中化化肥控股有限公司
　　Sinofert Holdings Limited
中航沈飞股份有限公司
　　AVIC Shenyang Aircraft Co., Ltd.
中航西安飞机工业集团股份有限公司
　　AVIC Xi'An Aircraft Industry Group Co., Ltd.

中航资本控股股份有限公司
　　AVIC Capital Co., Ltd.
中建西部建设股份有限公司
　　China West Construction Group Co., Ltd.
中金黄金股份有限公司
　　Zhongjin Gold Corp., Ltd.
中骏集团控股有限公司
　　China SCE Group Holdings Limited
中联重科股份有限公司
　　Zoomlion Heavy Industry Science and Technology Co., Ltd.
中梁控股集团有限公司
　　Zhongliang Holdings Group Co., Ltd.
中粮生物科技股份有限公司
　　Cofco Biotechnology Co., Ltd.
中粮糖业控股股份有限公司
　　Cofco Sugar Holding Co., Ltd.
中铝国际工程股份有限公司
　　China Aluminium International Engineering Corp., Ltd.
中升集团控股有限公司
　　Zhongsheng Group Holdings Ltd.
中石化炼化工程（集团）股份有限公司
　　Sinopec Engineering (Group) Co., Ltd.
中石化石油工程技术服务股份有限公司
　　Sinopec Oil Field Service Corporation
中天金融集团股份有限公司
　　Zhongtian Financial Group Co., Ltd.
中通快递（开曼）股份有限公司
　　ZTO Express (Cayman) Inc.

中芯国际集成电路股份有限公司
　　Semiconductor Manufacturing International Corporation
中信建投证券股份有限公司
　　China Securities Co., Ltd.
中信泰富特钢集团股份有限公司
　　Citic Pacific Special Steel Group Co., Ltd.
中信证券股份有限公司
　　Citic Securities Co., Ltd.
中兴通讯股份有限公司
　　ZTE Corporation
中冶南方工程技术有限公司
　　WISDRI Engineering & Research Incorporation Limited
中远海运集装箱运输有限公司
　　COSCO Shipping Lines Co., Ltd.
中远海运控股股份有限公司
　　COSCO SHIPPING Holdings Co., Ltd.
中原银行股份有限公司
　　Zhongyuan Bank Co., Ltd.
周大福珠宝金行有限公司
　　Chow Tai Fook Jewellery Co., Ltd.
珠海格力电器股份有限公司
　　Gree Electric Appliances, Inc. of Zhuhai
珠海华发实业股份有限公司
　　Huafa Industrial Co., Ltd. Zhuhai
卓尔智联集团有限公司
　　Zall Smart Commerce Group Ltd.
淄博齐翔腾达化工股份有限公司
　　Zibo Qixiang Tenda Chemical Co., Ltd.

紫光股份有限公司
Unisplendour Corp., Ltd.
紫金矿业集团股份有限公司
Zijin Mining Group Co., Ltd.

附录二 我国知名品牌/商标汉英对照

（按汉语拼音首字母顺序排列）

阿里巴巴（阿里巴巴集团控股有限公司）
　　Alibaba
爱奇艺（爱奇艺有限公司）
　　iQIYI
爱施德（深圳市爱施德股份有限公司）
　　Aisidi
安道麦（安道麦股份有限公司）
　　ADAMA
鞍钢集团（鞍钢集团有限公司）
　　ANSTEEL
安踏（安踏体育用品有限公司）
　　ANTA
奥园（中国奥园集团有限公司）
　　Aoyuan
百度（百度公司）
　　Baidu
百联股份（上海百联集团股份有限公司）
　　BAILIAN
百世（白世集团）
　　BEST Inc.
白银有色集团（白银有色集团股份有限公司）
　　BNMC
宝钢股份（宝山钢铁股份有限公司）

Baosteel
保利（保利发展控股集团股份有限公司）
Poly
保利置业（保利置业集团股份有限公司）
POLY PROPERTY
宝龙地产（宝龙地产控股有限公司）
POWERLONG
宝业集团（宝业集团股份有限公司）
BAOYE GROUP
北辰实业（北京北辰实业股份有限公司）
BEIJING NORTH STAR
北方稀土（中国北方稀土［集团］高科技股份有限公司）
RE
北京汽车（北京汽车股份有限公司）
BAIC MOTOR
北京银行（北京银行股份有限公司）
BANK OF BEIJING
北控水务（北控水务集团有限公司）
BEWG
碧桂园（碧桂园控股有限公司）
Country Garden
滨江集团（杭州滨江房产集团股份有限公司）
BINJIANG REAL ESTATE
渤海银行（渤海银行股份有限公司）
CHINA BOHAI BANK
渤海租赁（渤海租赁股份有限公司）
Bohai Leasing
波司登（波司登国际服饰［中国］有限公司）

BOSIDENG

比亚迪汽车（深圳比亚迪股份有限公司）
BYD AUTO

彩虹（彩虹集团有限公司）
IRICO

长安汽车（重庆长安汽车股份有限公司）
CHANGAN AUTO

长城（中国长城葡萄酒有限公司）
GREAT WALL

长城汽车（长城汽车股份有限公司）
Great Wall Motors

长电科技（江苏长电科技股份有限公司）
JCET

长虹（四川长虹电器股份有限公司）
CHANGHONG

长江电力（中国长江电力股份有限公司）
CYPC

超威（超威动力控股有限公司）
CHILWEE

晨鸣集团（山东晨鸣纸业集团股份有限公司）
CHENMING GROUP

重百（重庆百货大楼股份有限公司）
CBEST

重庆建工（重庆建工集团股份有限公司）
CCEGC

重庆农村商业银行（重庆农村商业银行股份有限公司）
CRCBANK

谭木匠（重庆谭木匠有限公司）

Tan Mujiang

传化智联（杭州传化智联股份有限公司）
Transfar

传音控股（深圳传音控股股份有限公司）
TRANSSION

创维（创维集团有限公司）
Skyworth

大华技术（浙江大华技术股份有限公司）
Dahua TECHNOLOGY

达利食品集团（达利食品集团有限公司）
DALI FOODS GROUP

大冶有色（中国大冶有色金属矿业有限公司）
DAYE NONFERROUS

大明（大明国际控股有限公司）
DMSSC

大唐集团公司（中国大唐集团有限公司）
CHINA DATANG

大悦城控股（大悦城控股集团股份有限公司）
GRANDJOY

丹芭碧（广州露纯化妆品有限公司）
TOBABY

德邦快递（德邦物流股份有限公司）
DEPPON EXPRESS

德赛电池（深圳市德赛电池科技股份有限公司）
DESAY

迪马股份（重庆市迪马实业股份有限公司）
DIMA

东方电气（东方电气股份有限公司）

DEC
东方海外（东方海外［国际］有限公司）
　　　OOCL
东方盛虹（江苏东方盛虹股份有限公司）
　　　EASTERN SHENGHONG
东方雨虹（北京东方雨虹防水技术股份有限公司）
　　　ORIENTAL YUHONG
东方园林（北京东方园林环境股份有限公司）
　　　Orient Landscape
东方证券（东方证券股份有限公司）
　　　ORIENT SECURITIES
东风汽车（东风汽车集团股份有限公司）
　　　DONGFENG MOTOR
东华能源（东华能源股份有限公司）
　　　Oriental Energy
东鹏瓷砖（广东东鹏控股股份有限公司）
　　　DONG PENG
飞鸽（天津飞鸽车业发展有限公司）
　　　FLYING PIGEON
烽火通信（烽火通信科技股份有限公司）
　　　FiberHome
富力地产（广州富力地产股份有限公司）
　　　R&F PROPERTIES（R&F Group）
福田汽车（北汽福田汽车股份有限公司）
　　　FOTON
复星（复星国际有限公司）
　　　FOSUN
福耀集团（福耀玻璃工业集团股份有限公司）

FUYAO GROUP

狗不理（狗不理集团股份有限公司）
　GO BELIEVE

国贸股份（厦门国贸集团股份有限公司）
　ITG

国投（国家开发投资集团有限公司）
　SDIC

鄂尔多斯（内蒙古鄂尔多斯资源股份有限公司）
　ERDOS

港龙航空（港龙航空有限公司）
　DRAGONAIR

歌尔股份（歌尔股份有限公司）
　Goertek

格兰仕（广东格兰仕集团有限公司）
　Galanz

格力（珠海格力电器股份有限公司）
　GREE

古井集团（安徽古井集团有限公司）
　GUJING GROUP

光大实业（中国光大实业［集团］有限公司）
　EVERBRIGHT INDUSTRIES

广发证券（广发证券股份有限公司）
　GF SECURITIES

光明乳业（光明乳业股份有限公司）
　BRIGHT DAIRY

广汽集团（广州汽车集团股份有限公司）
　GAC GROUP

广州农商银行（广州农村商业银行股份有限公司）

GUANGZHOU RURAL COMMERCIAL BANK
贵研铂业（贵研铂业股份有限公司）
　　SPM
国机集团（中国机械工业集团有限公司）
　　SINOMACH
国家电网（国家电网有限公司）
　　STATE GRID
国泰航空（国泰航空有限公司）
　　CATHY PACIFIC
国泰人寿（国泰人寿保险有限公司）
　　CATHY LIFE INSURANCE
哈尔滨啤酒（百威英博哈尔滨啤酒有限公司）
　　HARBIN（BEER）
海底捞（海底捞国际控股有限公司）
　　Haidilao Hot Pot
海螺水泥（安徽海螺水泥股份有限公司）
　　CONCH
海航科技（海航科技股份有限公司）
　　HNA Technology
海澜之家（海澜之家集团股份有限公司）
　　HLA
海南航空（海南航空控股股份有限公司）
　　HAINAN AIRLINES
航天信息（航天信息股份有限公司）
　　Aisino
杭州银行（杭州银行股份有限公司）
　　BANK OF HANGZHOU
好未来（好未来教育集团）

TAL

河北建设（河北建设集团股份有限公司）
　　HEBEI JIANSHE

合景泰富（合景泰富集团控股有限公司）
　　KWG GROUP HOLDINGS

合生创展（合生创展集团有限公司）
　　HOPSON

恒瑞（江苏恒瑞医药股份有限公司）
　　HENGRUI PHARMACEUTICALS

亨通光电（江苏亨通光电股份有限公司）
　　HENGTONG OPTIC-ELECTRIC

红塔山（红塔烟草［集团］有限公司）
　　Hongtashan

华电国际（华电国际电力股份有限公司）
　　HUADIAN POWER INTERNATIONAL

华东医药（华东医药股份有限公司）
　　HUADONG MEDICINE

华菱钢铁（湖南华菱钢铁股份有限公司）
　　VALIN STEEL

华能澜沧江（华能澜沧江水电股份有限公司）
　　HYDROLANCANG

华侨城（深圳华侨城股份有限公司）
　　OCT

华夏幸福（华夏幸福基业股份有限公司）
　　CFLD

华夏银行（华夏银行股份有限公司）
　　HUAXIA BANK

华新水泥（华新水泥股份有限公司）

HUAXIN CEMENT

华谊集团（上海华谊集团股份有限公司）
  HUAYI

华友钴业（浙江华友钴业股份有限公司）
  HUAYOU COBALT

光大环境（中国光大环境［集团］股份有限公司）
  EVERBRIGHT ENVIRONMENT

徽商银行（徽商银行股份有限公司）
  HUISHANG BANK

广汇汽车服务（广汇汽车服务集团股份公司）
  China Grand Auto

国泰君安证券（国泰君安证券股份有限公司）
  GUOTAI JUNAN SECURITIES

国电南瑞（国电南瑞科技股份有限公司）
  NARI

国美（国美零售控股有限公司）
  GOME

国投电力（国投电力控股股份有限公司）
  SDIC

国药集团（中国医药集团有限公司）
  SINOPHARM

海大集团（广东海大集团股份有限公司）
  HAID GROUP

海尔（海尔集团股份有限公司）
  Haier

海康威视（杭州海康威视数字技术股份有限公司）
  HIKVISION

海通证券（海通证券股份有限公司）

HAITONG
海王(深圳市海王生物工程股份有限公司)
NEPTUNUS
海信(青岛海信电器股份有限公司)
Hisense
禾丰股份(禾丰食品股份有限公司)
WELLHOPE
恒安集团(恒安国际集团有限公司)
HENGAN
恒大集团(中国恒大集团)
Evergrande Group
恒逸(恒逸石化股份有限公司)
HENGYI
红豆(红豆集团有限公司)
Hodo
华发股份(珠海华发实业股份有限公司)
Huafa Industrial Share
华润(华润[集团]有限公司)
China Resources
华润啤酒(华润啤酒[控股]有限公司)
CR BEER
华润燃气(华润燃气控股有限公司)
CR GAS
华润水泥(华润水泥控股有限公司)
CR CEMENT
华润医药(华润医药集团有限公司)
CR PHARMA
华润电力(华润电力控股有限公司)

CR Power
华润置地（华润置地有限公司）
CR LAND
华泰证券（华泰证券股份有限公司）
HUATAI SECURITIES
华为（华为技术有限公司）
HUAWEI
淮北矿业（淮北矿业控股股份有限公司）
HBMG
汇鸿集团（江苏汇鸿国际集团股份有限公司）
HIGH HOPE GROUP
冀东水泥（唐山冀东水泥股份有限公司）
JIDONG CEMENT
吉利汽车（吉利汽车控股有限公司）
GEELY AUTO
家化（上海家化联合股份有限公司）
Jahwa
箭牌卫浴（佛山市顺德区乐华陶瓷洁具有限公司）
ARROW
冀中能源（冀中能源股份有限公司）
JZEG
嘉宝华（广东嘉宝华医药集团股份有限公司）
KABOVA
嘉事堂（嘉事堂药业股份有限公司）
Cachet
佳兆业（佳兆业集团控股有限公司）
Kaisa
建发股份（厦门建发股份有限公司）

C&D

建业集团（建业地产股份有限公司）

 CENTRAL CHINA

江河集团（江河创建集团股份有限公司）

 JANGHO

江铃汽车（江铃汽车股份有限公司）

 JMC

江汽集团（安徽江淮汽车集团股份有限公司）

 JAC GROUP

江苏银行（江苏银行股份有限公司）

 BANK OF JIANGSU

交通银行（交通银行股份有限公司）

 Bank of Communications

金地集团（金地［集团］股份有限公司）

 Gemdale

金发科技（金发科技股份有限公司）

 KINGFA

金海马（金海马集团有限公司）

 Kinhom

金华火腿（浙江省金华火腿有限公司）

 JINHUA HAM

锦江酒店（上海锦江国际酒店（集团）股份有限公司）

 JinJiang Hotels

金利来（金利来集团有限公司）

 Goldlion

金螳螂（苏州金螳螂建筑装饰股份有限公司）

 GOLD MANTIS

金田铜业（宁波金田铜业［集团］股份有限公司）

JINTIAN

金风科技（新疆金风科技股份有限公司）
　　GOLD WIND

金汇控股（金汇控股［集团］有限公司）
　　RADIANCE HOLDINGS

金科（金科地产集团股份有限公司）
　　Jinke

金龙汽车（厦门金龙汽车集团股份有限公司）
　　KING LONG

金融街控股（金融街控股股份有限公司）
　　FINANCIAL STREET HOLDINGS

金山（金山软件股份有限公司）
　　KINGSOFT

金隅（北京金隅集团股份有限公司）
　　BBMG

晶澳太阳能（晶澳太阳能科技股份有限公司）
　　JA SOLAR

晶科能源（晶科能源控股有限公司）
　　Jinko Solar

京东（京东集团股份有限公司）
　　JD.com

京东方（京东方科技集团股份有限公司）
　　BOE

酒钢集团（甘肃酒钢集团宏兴钢铁股份有限公司）
　　JISCO

酒鬼（酒鬼酒股份有限公司）
　　JIU GUI

九阳（九阳股份有限公司）

Joyoung

九州通(九州通医药集团股份有限公司)
JOINTOWN

均胜电子(宁波均胜电子股份有限公司)
JOYSON ELECTRONICS

开滦(开滦能源化工股份有限公司)
KAILUAN

康辉旅游(桂林康辉国际旅行社)
CCT

康师傅(康师傅控股有限公司)
Master Kong

昆仑能源(昆仑能源有限公司)
Kunlun Energy

蓝光(四川蓝光发展股份有限公司)
BRC

蓝色光标(北京蓝色光标数据科技股份有限公司)
BlueFocus

蓝思科技(蓝思科技股份有限公司)
LENS TECHNOLOGY

浪潮(浪潮电子信息产业股份有限公司)
Inspur

老板(杭州老板电器股份有限公司)
ROBAM

老凤祥(老凤祥股份有限公司)
LAO FENG XIANG

立白(广州立白企业集团有限公司)
Liby

李宁(李宁[中国]体育用品有限公司)

  LI-NING

立讯精密（立讯精密工业股份有限公司）
  LUXSHARE

丽珠医药（丽珠医药集团股份有限公司）
  LIVZON

联华（联华超市股份有限公司）
  LIANHUA

莲花味精（河南莲花味精股份有限公司）
  LOTUS MSG

联塑（中国联塑集团股份有限公司）
  LESSO

联想（联想集团有限公司）
  Lenovo

联想控股（联想控股股份有限公司）
  Legend Holdings

领益智造（广东领益智造股份有限公司）
  LY iTECH

凌钢（凌源钢铁股份有限公司）
  LG

六福珠宝（六福集团［国际］有限公司）
  LUKFOOK JEWELLERY

柳钢（柳州钢铁股份有限公司）
  LIU GANG

柳工（广西柳工机械股份有限公司）
  LIUGONG

龙光（龙光集团有限公司）
  LOGAN

龙湖（龙湖集团控股有限公司）

LONGFOR

隆平高科（袁隆平农业高科技股份有限公司）
LONGPING HIGH-TECH

龙元建设（龙元建设集团股份有限公司）
LONGYUAN CONSTRUCTION

陆金所（陆家嘴国际金融资产交易市场股份有限公司）
LU.com

鲁西（鲁西化工集团股份有限公司）
LUXI

罗西尼（珠海罗西尼表业有限公司）
ROSSINI

绿城中国（绿城中国控股有限公司）
GREEMTOWN

绿地控股（绿地控股集团股份有限公司）
Greenland

马鞍山钢铁（马鞍山钢铁股份有限公司）
MA STEEL

迈瑞（深圳迈瑞生物医疗电子股份有限公司）
mindray

茅台（贵州茅台酒股份有限公司）
Moutai

魅族（魅族科技有限公司）
MEIZU

蒙娜丽莎瓷砖（蒙娜丽莎集团股份有限公司）
MONALISA TILES

蒙牛（中国蒙牛乳业有限公司）
MENGNIU

敏捷集团（敏捷集团有限公司）

Nimble

明阳智能（明阳智慧能源集团股份公司）
　　MINGYANG SMART ENERGY

木林森（木林森股份有限公司）
　　MLS

纳思达（纳思达股份有限公司）
　　Ninestar

耐世特（耐世特汽车系统集团有限公司）
　　nexteer

南京钢铁（南京钢铁股份有限公司）
　　NISCO

南京银行（南京银行股份有限公司）
　　BANK OF NANJING

南山铝业（山东南山铝业股份有限公司）
　　NANSHAN ALUMINIUM

宁波建工（宁波建工股份有限公司）
　　NINGBO CONSTRUCTION

宁波银行（宁波银行股份有限公司）
　　BANK OF NINGBO

宁德时代（宁德时代新能源科技股份有限公司）
　　CATL

农夫山泉（农夫山泉股份有限公司）
　　NONGFU SPRING

牧原食品（牧原食品股份有限公司）
　　Muyuan

欧菲光（欧菲光集团股份有限公司）
　　OFILM

欧派（欧派家居集团股份有限公司）

OPPEIN
盼盼食品（福建盼盼食品有限公司）
PANPAN FOODS
庞大集团（庞大汽贸集团股份有限公司）
P D GROUP
匹克（福建匹克体育用品有限公司）
PEAK
拼多多（上海寻梦信息技术有限公司）
Pinduoduo
浦发银行（上海浦东发展银行股份有限公司）
SPD Bank
七匹狼（福建七匹狼实业股份有限公司）
SEPTWOLVES
齐翔腾达（淄博齐翔腾达化工股份有限公司）
QIXIANG TENGDA
青岛啤酒（青岛啤酒股份有限公司）
Tsingtao Beer
清华同方（同方股份有限公司）
TSINGHUA TONGFANG
屈臣氏（屈臣氏集团［香港］有限公司）
Watsons PE
全聚德（中国全聚德［集团］股份有限公司）
QUANJUDE
全棉时代（深圳全棉时代科技有限公司）
Purcotton
人福医药（人福医药集团股份公司）
HUMANWELL HEALTHCARE
仁恒（仁恒置地集团有限公司）

YANLORD

融信集团（融信中国控股有限公司）
RONSHINE GROUP

融创（融创中国控股有限公司）
Sunac

荣盛（荣盛房地产发展股份有限公司）
RiseSun

荣盛石化（荣盛石化股份有限公司）
RONGSHENG PETROCHEMICAL

荣事达（合肥荣事达电子电器集团有限公司）
Royalstar

瑞康（瑞康医药集团股份有限公司）
REALCAN

三一重工（三一重工股份有限公司）
SANY

三友化工（唐山三友化工股份有限公司）
SanYou Chemical

山东钢铁（山东钢铁股份有限公司）
SHAN STEEL

山东黄金（山东黄金矿业股份有限公司）
SD-GOLD

山水（中国山水水泥集团有限公司）
SUNNY

山鹰国际（山鹰国际控股股份公司）
SHANYING INTL

上港集团（上海国际港务集团股份有限公司）
SIPG

上海电气（上海电气集团股份有限公司）

SHANGHAI ELECTRIC

上海纺织（上海纺织集团有限公司）
SHANGTEX

上海钢联（上海钢联电子商务股份有限公司）
GANGLIAN HOLDINGS

上海国际集团（上海国际集团有限公司）
SIG

上海回力（上海回力鞋业有限公司）
WARRIOR

上海建工（上海建工集团股份有限公司）
SCG

上海医药（上海医药集团股份有限公司）
SHANGHAI PHARMA

上海银行（上海银行股份有限公司）
Bank of Shanghai

上汽集团（上海汽车集团股份有限公司）
SAIC MOTOR

申能（申能股份有限公司）
SHENERGY

申通快递（申通快递股份有限公司）
STO express

申万宏源（申万宏源集团股份有限公司）
SHENWAN HONGYUAN

深圳能源（深圳能源集团股份有限公司）
SHENZHEN ENERGY

神州数码（神州数码集团股份有限公司）
Digital China

盛屯矿业（盛屯矿业集团股份有限公司）

SHENGTUN MINING
时代中国（时代中国控股有限公司）
TIMES CHINA
世茂集团（世茂集团控股有限公司）
SHIMAO
石药集团（石药集团股份有限公司）
CSPC
首创置业（首创置业股份有限公司）
BEIJING CAPITAL LAND
首开（北京首都开发股份有限公司）
SHOUKAI
首旅酒店集团（首旅建国酒店管理集团）
BTG HOTELS
双汇（河南双汇投资发展股份有限公司）
Shuanghui
顺丰速运（顺丰速运有限公司）
S. F. EXPRESS
顺丰控股（顺丰控股股份有限公司）
S. F. HOLDINGS
四川路桥（四川路桥建设集团股份有限公司）
SRBG
苏宁易购（苏宁易购集团股份有限公司）
Suning.com
泰达控股（天津泰达股份有限公司）
TEDA
太平洋保险（中国太平洋保险［集团］股份有限公司）
CPIC
太平洋咖啡（太平洋咖啡有限公司）

PACIFIC COFFEE
太阳纸业（山东太阳纸业股份有限公司）
　　SUN PAPER
腾讯（腾讯控股有限公司）
　　Tencent
天地科技（天地科技股份有限公司）
　　Tiandi Co., Ltd.
天合光能（天合光能股份有限公司）
　　Trinasolar
天虹（天虹纺织集团有限公司）
　　TEXHONG
天马（天马微电子股份有限公司）
　　TIANMA
天能动力（天能动力国际有限公司）
　　TIANNENG POWER
天山铝业（天山铝业集团股份有限公司）
　　TIANSHAN ALUMINIUM
天王表（天王电子［深圳］有限公司）
　　TIANWANG
天音控股（天音通信控股股份有限公司）
　　TELLING
天原集团（宜宾天原集团股份有限公司）
　　TIANYUAN GROUP
桐昆集团（桐昆集团股份有限公司）
　　TONGKUN GROUP
同仁堂（北京同仁堂［集团］有限公司）
　　TONG REN TANG
哇哈哈（杭州娃哈哈集团有限公司）

Wahaha

万达集团（中国万达集团有限公司）
　　WANDA GROUP

万华（万华化学集团股份有限公司）
　　WANHUA

万科（万科企业股份有限公司）
　　Vanke

万洲国际（万洲国际有限公司）
　　WH GROUP

王朝（中法合营王朝葡萄酿酒有限公司）
　　DYNASTY

网易（网易公司）
　　NetEase

潍柴（潍柴动力股份有限公司）
　　WEICHAI

唯品会（唯品会控股有限公司）
　　Vipshop.com

伟仕佳杰（伟仕佳杰控股有限公司）
　　VSTECS

维维豆奶（维维集团股份有限公司）
　　VV GROUP

温氏（温氏食品集团股份有限公司）
　　WENS

闻泰科技（闻泰科技股份有限公司）
　　WINGTECH

物产中大（物产中大集团股份有限公司）
　　WZ Group

五粮液（宜宾五粮液股份有限公司）

WULIANGYE
西部矿业（西部矿业股份有限公司）
　　WESTERN MINING
西飞（中航西安飞机工业集团股份有限公司）
　　XIFEI
西西弗（西西弗书店）
　　SiSYPHE
厦门信达（厦门信达股份有限公司）
　　XIAMEN XINDECO
先声药业（江苏先声药业有限公司）
　　Simcere
香格里拉（香格里拉酒店集团）
　　SHANGRI-LA
祥生（祥生控股［集团］有限公司）
　　SHINSUN
小米（小米集团有限公司）
　　mI
小南国（上海小南国餐饮有限公司）
　　SHANGHAI MIN
携程（携程集团有限公司）
　　Ctrip
新奥（新奥天然气股份有限公司）
　　ENN
新城发展（新城发展控股有限公司）
　　Seazen
新飞（河南新飞电器集团有限公司）
　　FRESTECH
新凤鸣集团（新凤鸣集团股份有限公司）

XIN FENG MING GROUP

新钢集团（新余钢铁股份有限公司）
 XinSteel

新华保险（新华人寿保险股份有限公司）
 NCI

新科（江苏新科电子集团有限公司）
 Shinco

信利（信利国际有限公司）
 TRULY

新希望六和（新希望六和股份有限公司）
 NEW HOPE LIUHE

新兴铸管（新兴铸管股份有限公司）
 XINXING PIPES

兴发集团（湖北兴发化工集团股份有限公司）
 XINGFA GROUP

兴旺达（兴旺达电子股份有限公司）
 SUNWODA

兴业银行（兴业银行股份有限公司）
 Industrial Bank

徐工集团（徐工集团工程机械股份有限公司）
 XCMG

旭辉集团（旭辉控股［集团］有限公司）
 CIFI GROUP

旭阳（中国旭阳集团有限公司）
 RISUN

雅戈尔（雅戈尔集团股份有限公司）
 YOUNGOR

雅居乐（雅居乐集团控股有限公司）

AGILE

延长石油（延长石油国际有限公司）
　　YANCHANG PETROLEUM

阳光城（阳光城集团股份有限公司）
　　YANGO

洋河酒厂（江苏洋河酒厂股份有限公司）
　　YANGHE

怡亚通（深圳市怡亚通供应链股份有限公司）
　　Eternal Asia

伊泰（内蒙古伊泰煤炭股份有限公司）
　　YITAI

因特集团（浙江因特集团股份有限公司）
　　INT'L GROUP

永达汽车（中国永达汽车服务控股有限公司）
　　YONGDA

永辉超市（永辉超市股份有限公司）
　　YH

永久（中路股份有限公司）
　　FOREVER

佣金股份（浙江甬金金属科技股份有限公司）
　　YONGJIN CORP.

友发集团（天津友发钢管集团股份有限公司）
　　YOUFA GROUP

豫光金铅（河南豫光金铅股份有限公司）
　　YUGUANG GOLD & LEAD

玉沙（玉沙集团有限公司）
　　YUSHA

宇通客车（宇通客车股份有限公司）

YUTONG
远大控股（远大产业控股股份有限公司）
　　GRAND HOLDINGS
远东宏信（远东宏信有限公司）
　　FAR EAST HORIZON
圆通速递（圆通速递股份有限公司）
　　YTO EXPRESS
远洋集团（远洋集团控股有限公司）
　　SINO-OCEAN GROUP
粤海酒店（粤海［国际］酒店管理集团有限公司）
　　GDH
越秀地产（越秀地产股份有限公司）
　　YUEXIU PROPERTY
云南白药（云南白药集团股份有限公司）
　　YUNNAN BAIYAO
云天化集团（云南云天化股份有限公司）
　　YUNTIANHUA GROUP
招商银行（招商银行股份有限公司）
　　China Merchants Bank
招商证券（招商证券股份有限公司）
　　CMS
苏泊尔（浙江苏泊尔股份有限公司）
　　SUPOR
浙商银行（浙商银行股份有限公司）
　　CZBANK
浙商中拓（浙商中拓集团股份有限公司）
　　ZHESHANG DEVELOPMENT
正邦集团（江西正邦科技股份有限公司）

ZHENGBANG GROUP

郑煤机集团（郑州煤矿机械集团股份有限公司）

ZMJ

正荣地产（正荣地产集团有限公司）

ZHENRO

志邦（志邦家居股份有限公司）

ZBOM

中船重工（中国船舶重工集团公司）

CSIC

中广核（中国广核电力股份有限公司）

CGN

中国船舶（中国船舶集团有限公司）

CSSC

中国电建（中国电力建设股份有限公司）

POWERCHINA

中国电信（中国电信股份有限公司）

CHINA TELECOM

中国电子（中国电子信息产业集团有限公司）

CHINA ELECTRONICS

中国东方航空（中国东方航空股份有限公司）

CHINA EASTERN

中国工商银行（中国工商银行股份有限公司）

ICBC

中国光大银行（中国光大银行股份有限公司）

CHINA EVERBRIGHT BANK

中航国际（中国航空技术国际控股有限公司）

AVIC INTL

中国国际航空公司（中国国际航空股份有限公司）

AIR CHINA

中国海油（中国海洋石油有限公司）
CnOOC

中国航发（中国航发动力股份有限公司）
AECC

中国航天科工集团（中国航天科工集团有限公司）
COSIC

中国航信（中国民航信息集团有限公司）
TravelSky

中国航油（中国航空油料集团公司）
CNAF

中国黄金（中国黄金集团黄金珠宝股份有限公司）
China Gold

中国建材（中国建筑材料集团有限公司）
CNBM

中国建设银行（中国建设银行股份有限公司）
CCB

中国建筑（中国建筑股份有限公司）
CSCEC

中国交建（中国交通建设股份有限公司）
CHINA COMMUNICATIONS CONSTRUCTION

中国金茂（中国金茂控股集团有限公司）
JINMAO

中国联通（中国联合网络通信集团有限公司）
China Unicom

中国铝业（中国铝业股份有限公司）
CHALCO

中国民生银行（中国民生银行股份有限公司）

CHINA MINSHENG BANK
中国南方电网（中国南方电网有限公司）
CHINA SOUTHERN POWER GRID
中国南方航空（中国南方航空股份有限公司）
CHINA SOUTHERN
中国能建（中国能源建设股份有限公司）
ENERGY CHINA
中国农业银行（中国农业银行股份有限公司）
Agricultural Bank of China
中国平安（中国平安保险［集团］股份有限公司）
PING AN
中国人保（中国人民保险集团股份有限公司）
PICC
中国人寿（中国人寿保险股份有限公司）
China Life
中国石化（中国石油化工股份有限公司）
SINOPEC
中国石油（中国石油天然气股份有限公司）
PetroChina
中国太平（太平洋保险控股有限公司）
CHINA TAIPING
中国天盈（中国天盈股份有限公司）
CNTY
中国铁建（中国铁建股份有限公司）
CRCC
中国铁塔（中国铁塔股份有限公司）
CHINA TOWER
中国铁通（中国铁通集团有限公司）

CHINA TIETONG
中国铁物（中国铁路物资股份有限公司）
　　　CRM
中国通号（中国铁路通信信号股份有限公司）
　　　CRSC
中国外运（中国外运股份有限公司）
　　　SINOTRANS
中国信达（中国信达资产管理股份有限公司）
　　　CHINA CINDA
中国通信服务（中国通信服务股份有限公司）
　　　CHINA COMSERVICE
中国网通（中国网络通信集团公司）
　　　CNC
中国移动（中国移动有限公司）
　　　China Mobile
中国银行（中国银行股份有限公司）
　　　Bank of China
中国邮政储蓄银行（中国邮政储蓄银行股份有限公司）
　　　Postal Savings Bank of China
中国中车（中国中车股份有限公司）
　　　CRRC
中国中铁（中国铁路工程总公司）
　　　CREC
中国重汽（中国重型汽车集团有限公司）
　　　SINOTRUCK
中国忠旺（中国中旺控股有限公司）
　　　China Zhongwang
中国中冶（中国冶金科工股份有限公司）

MCC
中航工业（中国航空工业集团公司）
AVIC
中核集团（中国核工业建设股份有限公司）
CNNC
中国化工（中国化工集团有限公司）
SINOCHEM
中化国际（中化国际［控股］股份有限公司）
SINOCHEM INTERNATIONAL
中化化肥（中化化肥控股有限公司）
SINOFERT
中集（中国国际海运集装箱［集团］股份有限公司）
CIMC
中建西部建设（中建西部建设股份有限公司）
CSCEC
中金公司（中国国际金融股份有限公司）
CICC
中金岭南（深圳市中金岭南有色金属股份有限公司）
Nonfemet
中联重科（中联重科股份有限公司）
ZOOMLION
中粮（中国粮油控股有限公司）
COFCO
中粮糖业（中粮糖业控股股份有限公司）
COFCO SUGAR
中铝国际（中铝国际工程股份有限公司）
CHALIECO
中旅免税（中国旅游集团中免股份有限公司）

CTG DUTY-FREE
中南集团·中南建设（江苏中南建设集团股份有限公司）
　　ZHONGNAN GROUP·ZHONGNAN CONSTRUCTION
中升集团（中升集团控股有限公司）
　　ZHONGSHENG GROUP
中泰化学（新疆中泰化学股份有限公司）
　　ZHONGTAI CHEMICAL
中天金融（中天金融集团股份有限公司）
　　ZHONGTIAN FINANCE
中天科技（江苏中天科技股份有限公司）
　　ZTT
中通快递（中通快递［开曼］股份有限公司）
　　ZTO EXPRESS
中信股份（中国中信股份有限公司）
　　CITIC Limited
中芯国际（中芯国际集成电路股份有限公司）
　　SMIC
中信建投证券（中信建投证券股份有限公司）
　　CHINA SECURITIES
中信证券（中信证券股份有限公司）
　　CITIC SECURITIES
中兴（中兴通讯股份有限公司）
　　ZTE
中冶南方（中冶南方工程技术有限公司）
　　WISDRI
中远海控（中远海运控股股份有限公司）
　　COSCO SHIPPING
中原银行（中原银行股份有限公司）

ZHONGYUAN BANK

中再集团（中国再保险［集团］股份有限公司）
CHINA RE

周大福（周大福珠宝金行有限公司）
Chow Tai Fook

卓尔智联（卓尔智联集团有限公司）
ZALL

紫光（紫光股份有限公司）
Unis

紫金矿业（紫金矿业集团股份有限公司）
ZIJIN MINING

附录三　我国知名企业宣传口号汉英对照

（按汉语拼音首字母顺序排列）

阿里巴巴集团控股有限公司：
让天下没有难做的生意。
　　Make it easy to do business anywhere.

保利置业集团股份有限公司：
让梦想长大。
　　Dream is light.
中国保利，全球梦想。
　　China Poly, the global dream.

宝山钢铁股份有限公司：
创想改变生活。
　　Creation beyond vision.

宝胜科技创新股份有限公司：
中国的宝胜，世界的电缆。
　　Baosheng of China; cable of the world.

北京北辰实业股份有限公司：
服务国际交往，铸造理想空间。
　　Serve international communications and create an ideal space.

北京东方雨虹防水技术股份有限公司：
世界的东方雨虹
　　Building nationally; growing globally.
许你风雨无忧。
　　Protection everywhere, even for your building.

比亚迪股份有限公司：

焕新出发,一路向前。

A new beginning.

碧桂园控股有限公司:

希望社会因我们的存在而变得美好。

Make the world a better place for having us in it.

超威动力控股有限公司:

超威动力,稳定压倒一切。

Chaowei Power—power you can depend on.

重庆长安汽车股份有限公司:

智色双星,质美同行—第二代逸动,睿骋CC。

Raeton CC—Pursuing elegance and quality.

重庆市迪马实业股份有限公司:

为安心幸福的未来

For a bright future.

东方电气股份有限公司:

绿色动力,驱动未来。

Shape the future with green power.

东风汽车集团股份有限公司:

关怀每一个人;关爱每一辆车。

Care for every person; care for every vehicle.

烽火通信科技股份有限公司:

创新ICT,共赢智能时代。

Innovative ICT, win the intelligent era together.

福建盼盼食品有限公司:

致力于为每个家庭永续提供健康美味产品。

Provide healthy and delicious products for every family.

以诚相待,全心服务。

Be sincere and serve wholeheartedly.

复星国际有限公司:
复星,为更美生活。
　　Towards a brighter life.
福耀玻璃工业集团股份有限公司:
使命创造未来。
　　A clear vision of tomorrow.
福耀新视界;汽车新生活。
　　New Vision; new life.
歌尔股份有限公司:
同歌二十载,与尔想未来。
　　One Goertek, new future.
广东格兰仕集团有限公司:
格兰仕科技,全球共享。
　　Galanz technologies, inspiring the world.
广东领益智造股份有限公司:
智造引领世界;努力成就梦想。
　　Smart manufacturing benefits the world; hardworking realizes the dreams.
广发证券股份有限公司:
特供产品,恭迎鉴赏。
　　Professional, focused, just for you.
财富增长在中国,财富管理在广发。
　　Wealth growth in China; wealth management by GFS.
广州富力地产股份有限公司:
仁济天下,越乎健康。
　　Care beyond health.
紧贴城市脉搏;构筑美好生活。
　　Create quality living with the heartbeat of the city.

广州立白企业集团有限公司：
健康幸福每一家。

　　Health and happiness for every family.

贵研铂业股份有限公司：
发展新材料产业，服务人类高品质生活。

　　Develop new materials industry; serve the high-quality life of mankind.

国家电网有限公司：
你用电，我用心。

　　Your power, our care.

建设具有中国特色国际领先的能源互联网企业。

　　Building a world first-class energy interconnection enterprise with outstanding competitiveness.

国家开发投资集团有限公司：
为出资人，为社会，为员工。

　　For investors, for society, for employees.

国泰航空有限公司：
14间国际航空公司，独一无二的明智阵容。

　　14 global airlines. One bright alliance.

国泰君安证券股份有限公司：
成为受人尊敬、全面领先、具有国际竞争力的现代投资银行。

　　Striving to be a prestigious modern investment bank with an overall leading position and international competitive edge.

中国医药集团有限公司：
关爱生命；呵护健康。

　　All for health; health for all.

海底捞国际控股有限公司：
海底捞火锅时光

Party on! Haidilao Hot Pot.

海尔集团股份有限公司：

高品质的生活——体验智慧家庭，享美好生活方式。

High quality life—experience smart living; enjoy better lifestyle.

无边界的生态——赋能千行百业；助力数字化重生。

Boundaryless ecosystem—empower all industries; enhance digital rejuvenation.

海尔智家股份有限公司：

智慧家庭；生态体验。

A quality life for you.

海航科技股份有限公司：

我们致力于用科技创造——数字未来。智能社会；美好生活。

We are committed to using technology to create digital future. Smart society; enjoyable lifestyle.

海南航空控股股份有限公司：

海南航空让您安心出行。

Travel safely with Hainan Airlines.

杭州传化智联股份有限公司：

服务产业端的智能物流平台好未来教育集团：

Serving industry—an intelligent logistics platform.

爱和科技让教育更美好。

Making education better with love and technology.

禾丰食品股份有限公司：

我们一直在追梦的路上。

We have never stopped the pace of chasing our dreams.

禾丰致力成为世界顶级农牧食品企业。

To become the world's leading enterprise across agriculture, animal husbandry and food industries.

河钢股份有限公司：
一切为了满足客户的需求。
　　Customer-oriented.
河南豫光金铅股份有限公司：
愚公移山，产业报国。
　　Move and advance to serve the country.
绿色冶炼，循环发展。
　　Green smelting; recycling development.
红塔烟草（集团）有限公司：
山高人为峰。
　　Always beyond expectation.
60年的雨雪风霜，孕育和成就了红塔集团。
　　Hongta has overcome difficulties and challenges and continued to innovate and make progress in the past 60 years.
湖北兴发化工集团股份有限公司：
建设中国一流、世界知名的国际化精细化工企业。
　　Striving for China best and world renowned international fine chemical enterprise.
绿色化工，创造美好幸福生活。
　　Green chemical industry makes happy life.
湖南华菱钢铁股份有限公司：
绿色华菱；绿色钢铁。
　　Green Valin; green steel.
华东医药股份有限公司：
服务大众健康
　　Serving public health.
华能国际电力股份有限公司：
为明天增添动力。

Powering tomorrow.

华润燃气控股有限公司：

润物耕心。

Enriching lives; nurturing dreams.

华泰证券股份有限公司：

兼具本土优势和全球影响力的一流投资银行

A first-class investment bank with domestic advantages and global influence.

更懂你的财富专家

A wealth management expert who knows you better.

华夏幸福基业股份有限公司：

城市，让生活更幸福。

Better city, better life.

华新水泥股份有限公司：

美好的世界从我们开始。

A beautiful world starts with us.

清洁我们的生活环境；提供信赖的建筑材料。

Clean our living environment; provide reliable building materials.

江苏恒瑞医药股份有限公司：

科技为本，为人类创造健康生活。

Promote a healthier life for humankind through advancements in science.

勇于担当，积极履行社会责任。

Fulfil social responsibilities through accountable actions.

江苏亨通光电股份有限公司：

科技点亮未来。

Enlightening the future.

亨通重磅亮相《大国重器》。

The Pillars of a Great Power—Usher in a new era of global marine communication.

江苏先声药业有限公司：

让患者早日用上更有效药物。

Providing today's patients with medicines of the future.

金地（集团）股份有限公司：

精筑城市价值。

Refining city life.

金发科技股份有限公司：

可信赖的高分子新材料解决方案供应商金融街控股股份有限公司：

Your reliable supplier of advanced polymer material solutions.

基业长青，建筑永恒。

An evergreen foundation for buildings everlasting.

晶澳太阳能科技股份有限公司：

是现在，亦是未来。

Born for the present, making the future.

京东方科技集团股份有限公司：

面对未知，探索永不止步。

Facing the unknown we keep exploring and moving forward.

智慧领航，科技变得温暖。

Intelligence leads the future where technology has the human touch.

京都律师事务所：

追求卓越，不负重托。

Trusting in excellence.

理文造纸有限公司：

理文物流，通达天下。

Lee & Man Logistics, access to the world.

我们来自于大自然。

We come from nature.

科技造就未来,品牌立足世界。

Science and technology make the future, and the brand is based on the world.

创造绿色的未来,与自然共存。

Create a green future; coexist with nature.

锐意进取,推动企业可持续性快速发展。

Forge ahead and promote sustainable development of enterprises.

丽珠医药集团股份有限公司:

患者生命质量第一。

Patient quality of life comes first.

以人为本。

By the people; for the people.

龙光集团有限公司:

责任筑城;臻心建家。

Shaping cities and homes with responsibility and sincerity.

龙元建设集团股份有限公司:

美好城市建设者;幸福生活运营商。

Beautiful city builder; happy life operator.

绿城中国控股有限公司:

屋檐下

Under one roof

美丽建筑;美好生活。

Beautiful building; wonderful Life.

中国理想生活综合服务商绿地控股集团股份有限公司:

让梦想改变未来。

Integrated service provider for an ideal life in China Dreams define the future.

美的置业控股有限公司：

智慧生活共生长。

Smart life grows together.

智慧生活；美的人生。

Smart life, beautiful life.

美团（北京三快科技有限公司）：

帮大家吃得更好，生活更好。

We help people eat better, live better.

敏捷集团有限公司：

新时代美好城镇综合服务商百盘大惠战，一次享到底。

Comprehensive service provider for better cities and towns in the new era Enjoy super discount.

明阳智慧能源集团股份公司：

发展绿色能源，造福人类社会。

Green energy, for the benefit of human society.

木林森股份有限公司：

木林森的绿色责任：让世界更美好。

To make the world a better place—this is our green responsibility.

纳思达股份有限公司：

专注颠覆未来，打印联接世界。

Concentration prints revolutions; concentration creates miracles.

耐世特汽车系统集团有限公司：

我们将致力于不懈创新，以提高当今世界以及自动化的未来汽车的安全性和性能。

We are committed to relentless innovation to enhance safety and performance for today's world and an automated future.

南京钢铁股份有限公司：
智赢未来。

  Win the future with intelligence.

共同成长；贡献社会。

  Grow together; contribute to society.

南京银行股份有限公司：
好伙伴；大未来。

  Good partner; great future.

携手未来，我们等你。

  Infinite future; infinite you.

内蒙古伊泰煤炭股份有限公司：
贡献绿色能量；共创美好未来。

  Contributing green energy to create a better future.

诚行天下；创享未来。

  Operating with integrity and creating and sharing a better future.

宁波建工股份有限公司：
守信讲义，通情达理。

  Keeping promises and telling the truth.

宁波舟山港股份有限公司：
港通天下，服务世界。

  Linking the globe; serving the world.

农夫山泉股份有限公司：
我们不生产水，我们是大自然的搬运工。

  We do not produce water; we are porters of nature.

欧派家居集团股份有限公司：
7000余家专卖店，服务全球4500万家庭。

  More than 7000 stores serving 45 million households worldwide.

让家因爱而温暖。

Love makes your home warm.

清华同方:

智慧生活的创造者开启二次创业新征程

The creator of intelligent life New beginning; new journey.

人福医药集团股份公司:

打造世界级医药企业,让生命之树常青。

Better innovation; better health.

山鹰国际控股股份公司:

生态山鹰,百年基业。

Ecological Shanying, centennial foundation.

海·纳川,善·若水,心·从一。

All rivers run into the sea; the highest excellence is like water; remain true to our original aspiration.

上海电气集团股份有限公司:

智见未来

Meet the future.

上海国际港务集团股份有限公司:

服从服务于国家战略,努力打造世界一流港口。

Serve national development strategies; strive to become a world-class port.

打造全球卓越的码头运营商和港口物流服务商。

To become a world-class terminal operator and port logistics service provider.

上海国际集团有限公司:

双轮驱动,合作共赢。

Twin-wheel strategy, win-win cooperation.

上海建工集团股份有限公司:

建筑成就美好生活。

Better architecture, better life.

和谐为本,追求卓越。

With harmony as the fundamental principle, always pursing the best.

上海实业控股有限公司:

稳中求进,创造价值。

Securing steady growth; creating value.

上海隧道工程股份有限公司:

承载城市梦想;建筑美好生活。

Building a beautiful city; creating an ideal life.

以前瞻科技和研发实力为城市创造最大价值。

Creating maximum value for cities through advanced technologies and research abilities.

以精品工程拓展空间,缩短距离,连接你我。

Broadening spaces, reducing distances, and connecting people with remarkable projects.

深圳迈瑞生物医疗电子股份有限公司:

生命科技如此亲近。

Healthcare within reach.

深圳能源集团股份有限公司:

做全国低碳清洁电力供应商的领跑者。

Low-carbon clean electric power industry.

做有社会责任感的爱心企业。

Love and sense of social responsibility.

石家庄河钢股份有限公司:

代表民族工业;担当国家角色。

Invigorating the steel and iron industry.

首创置业股份有限公司:

创造都市新生活。

Create new urban life.

四川蓝光发展股份有限公司：
让世界看见光的温度。

Let the world feel the light.

太平洋咖啡有限公司：
随时随地为你用心冲调完美一杯。

The perfect cup anywhere anytime.

食品每日新鲜制作。

Made fresh daily.

特变电工股份有限公司：
全球信赖

Always reliable.

天能动力国际有限公司：
资本市场助推，升级平台动能。

Boosting capital market, upgrading platform motivation.

天王电子（深圳）有限公司：
心有蓝图，未来可期。

Grand vision in your heart; bright future in your hand.

敬传奇，敬自己。

A toast for the legend is a toast for ourselves.

天音通信控股股份有限公司：
网络让连接更方便；平台让生意越来越好。

Make connection and business easier.

统一企业中国控股有限公司：
演进你的生活价值。

Life of value evolution.

维维集团股份有限公司：

健康生活跑起来。

    Run for a healthy life.

健康是大家的事业，我们做的是一项健康工程。

    Health concerns all of us. We are carrying out a healthy project.

万达控股集团有限公司：

中国的万达，世界的万达。

    China Wanda, Wanda of the world.

万华化学集团股份有限公司：

化学，让生活更美好。

    Advancing chemistry; transforming lives.

万洲国际有限公司：

今日的口味关乎明日的选择。

    The food you love today, you'll love even more tomorrow.

与万洲国际一起，共创每日最佳选择。

    Make the best choice everyday with WH GROUP.

肉在引领更加美好的未来。

    Build a better tomorrow with meat.

万洲国际，好食品，更好口味。

    WH GROUP, makes good food taste better.

五矿发展股份有限公司：

服务为本；自强不息。

    Providing quality service, striving for excellence.

珍惜有限；创造无限。

    Cherish limited resources, pursue boundless development.

厦门国贸集团股份有限公司：

集大成；通天下。

    A multinational diversified service provider.

香格里拉酒店集团：

开启秋日"魔法盒",即刻前往探索,定格秋日美好瞬间。

Piling up the memories; watch the leaves turn with us.

新城发展控股有限公司:

行稳致远。

Steady steps lead to a long journey.

新疆金风科技股份有限公司:

智领风电,直驱绿色未来。

Pioneering a green future with wind energy.

能源转型,互联互通。

Tomorrow's energy—it is all connected.

新兴铸管股份有限公司:

在学习中成长;在创新中发展。

In learning we grow; in innovation we develop.

兴旺达电子股份有限公司:

创新驱动新能源世界进步。

Innovation drives the progress of new energy world.

雅戈尔集团股份有限公司:

新起点,新征程。

New start, new journey.

中国企业500强,宁波外贸龙头企业。

Top 500 Chinese enterprises; leader of Ningbo foreign trade.

扬子江船业集团公司:

我们要造世界最好的船舶;我们要做世界最好的船厂。

We want to build the BEST ship in the world; we want to be the Best shipyard in the world.

宜宾天原集团股份有限公司:

为美好生活创造科学奇迹。

Towards a better life through science.

伊利实业集团股份有限公司：
跨界合作，强强携手

  Shoulder to shoulder, we are stronger.

玉沙集团有限公司：
美好生活，玉沙制造。

  Create a better life together.

我们一直致力于为热爱生活的人们提供安全、舒适的产品。

  We have always been committed to providing safe and comfortable products for people who love life.

宇通客车股份有限公司：
行动高效，无微不至。

  Safer bus; better life.

云南白药集团股份有限公司：
百年品牌，我们专注做好三七。

  Specializing in Sanqi Medicine for over 100 years.

浙江大华技术股份有限公司：
携手共筑数智未来。

  Together for a digital and intelligent future.

浙江华友钴业股份有限公司：
根在中华，友遍天下。

  Rooted in China, making friends all over the world.

浙江因特集团股份有限公司：
致力于人类的健康事业。

  INT'L GROUP dedicated to human health.

志邦家居股份有限公司：
实现人们对家的美好想象。

  Turning imaginations of homes into reality.

用志邦家居定制一个理想的家。

中国大唐集团有限公司：
　　Customize an ideal home with ZBOM home collection.
二次创业，做强做优，开启高质量发展新征程。
　　Start an undertaking for the second time to be stronger and better, embark on a new journey of high-quality development.
中国电力国际发展股份有限公司：
洁净能源；绿色企业。
　　Clean energy; green enterprise.
中国电信股份有限公司：
数字化，创未来。
　　Digitalizing the future.
中国光大实业（集团）有限公司：
中国光大，让生活更美好。
　　Everbright, forever.
中国广核电力股份有限公司：
中广核与你携手，让天更蓝水更清。
　　Clean energy for clean environment.
中国航空工业集团公司：
价值源于创造。
　　All value in creation.
中国海外宏洋集团有限公司：
精耕细作，品牌经营。
　　A trusted brand growing through diligence and care.
海无涯，爱无疆，持续践行企业社会责任。
　　The sea has no limit and love has no boundary. Continuously fulfilling corporate social responsibility.
过程精品；楼楼精品。
　　Each and every detail of each and every project.

中国海洋石油有限公司：
能源，生活之源。

  Energy, source of life.

中国航空技术国际控股有限公司：
超越商业，共创美好世界。

  Go beyond commerce for a better world.

中国宏桥集团有限公司：
绿色驱动，智造未来。

  Building our future on innovation, education and sustainability.

中国化工集团有限公司：
化工让生活更精彩。

  Life needs chemicals.

为股东创造价值，为社会创造就业。

  Increase values for our shareholders; create job opportunities for the society.

中国机械工业集团有限公司：
合力同行，创新共赢。

  Work together; win together.

中国机械设备工程股份有限公司：
让创想成真，与世界同行。

  Create ideas; achieve dreams.

中国建材股份有限公司：
善用资源，服务建设。

  Making best use of resources to serve construction.

中国建筑股份有限公司：
见证幸福

  Witness happiness.

中国金茂控股集团有限公司：

客户的需求就是我们的追求。

I aim for your needs.

释放城市未来生命力。

Unleashing future vitality of the city.

品质铸就更美生活。

Build quality for better life.

中国联塑集团股份有限公司:

联塑管道,品质之道。

LESSO piping systems make flow easy.

中国南方电网有限公司:

万家灯火,南网情深。

CSG lights up every household.

中国平安保险(集团)股份有限公司:

铭记初心,与你同行。

Let's remain true to our original aspiration and march forward together.

中国生物制药股份有限公司:

秉承健康、快乐、长寿的企业发展理念。

Care in pursuing your health, happiness and longevity.

中国石油化工股份有限公司:

能源至净;生活至美。

Cleaner energy; better life.

中国石油天然气股份有限公司:

能源奉献,创造和谐。

Energize, harmonize, realize.

中国铁路通信信号股份有限公司:

以人为本,创新求进;

People first; innovation & progress.

安全至上,共创价值。

Safety first; joint value creation.

中国通号有轨电车,让人们充分享受轨道交通出行的便捷与舒适

CRSC's trams serving passengers with convenience and comfort of rail transit.

中国中旺控股有限公司:

致力轻量化发展,创享绿色未来。

Committed to light-wight development for a greener world.

因为更轻,所以跑得更快!

Because it is lighter, it runs faster!

因为更轻,所以飞得更高!

Because it is lighter, it flies higher!

因为更轻,所以续航更远!

Because it is lighter, it sails longer!

中国中信股份有限公司:

追求卓越;追求领先。

We strive to be the best and leaders in the fields we operate.

中海油田服务股份有限公司:

尊重自然;爱护环境。

Respect nature, care for the environment.

我们必须做得更好。

Always do better.

中国中化控股有限公司:

科学至上。

In science we trust.

中骏集团控股有限公司:

千亿中骏再出发。

A new chapter.

专筑您的感动。

  We build to inspire.

中联重科股份有限公司：

绿色制造，美丽世界。

  Green vision, built for sustainable better lives.

智能制造，共建美好世界。

  Smart manufacturing for a better tomorrow.

中升集团控股有限公司：

中升集团，终生伙伴。

  Zhongsheng Group, lifetime partner.

中石化炼化工程（集团）股份有限公司：

建设更美好的世界。

  Engineering a better world.

中石化石油工程技术服务股份有限公司：

为美好生活加油。

  Refill better energy for better living.

中芯国际集成电路股份有限公司：

用芯创造未来。

  Create the future with SMIC.

同芯铸就非凡。

  Together we make a difference.

中远海运集装箱运输有限公司：

价值，因运而生。

  We deliver value.

珠海格力电器股份有限公司：

让世界爱上中国造。

  Made in China, loved by the world.

珠海罗西尼表业有限公司：

时间因我而存在。

    Time always follows me.

为热爱·倾注时间。

    Devote time to love.

紫金矿业集团股份有限公司：

发展矿业，造福社会。

    Mining for a better society.

附录四 企业名称、品牌/商标及宣传口号汉译英常用词汇

（按词项起始词的汉语拼音首字母顺序排列，意义相近、词性不同的项目列在同一词项之下）

A

爱护/关爱/呵护
    care (for); love; offer care/love (for)
安全（的/地）
    safe(ly); secure(ly)
安全性
    safety; security

B

巴士/客车
    bus
百货公司/大楼
    department store
百年（的）
    centennial; centenary; a hundred years
白银
    silver
板材
    steel plates
报国

serve the country; dedicated to the service of the country; repay one's motherland

保险
 insure; insurance

北方（的）
 north; northern

本土
 local; native; domestic

必须
 must; have to; be obliged to; it is imperative/necessary to

宾馆
 hotel; guesthouse

秉承
 uphold; adhere to; keep (the principle/promise/ideas of); in accordance with

玻璃
 glass

铂业
 platinum industry

不懈努力
 make unremitting/consistent/sustained efforts; work indefatigably

不锈钢
 stainless steel

C

财富
 wealth; fortune

材料

materials

产业

industry; real estate; property

长寿

longevity; long life

超市

supermarket

超越

surpass; overtake; overstep; exceed; go beyond; rise above; get ahead of

车辆

vehicle; car; truck; automobile; auto

成就

achieve; succeed; accomplish; make ... succeed; achievements; success

承载（梦想等）

embody; carry

成长

grow; develop; growth; development

城市/城镇/都市（的）

city; town; metropolis; urban; metropolitan

成为

become; turn into; (grow) to be

持续（的）

continue; sustain; last; keep/go on; continued; sustained; lasting

充分（的/地）

full(ly); abundant(ly); sufficient(ly); ample/amply

出发

start (off); set out; depart (for)

初心
original aspiration/goal/aim/purpose

储蓄（银行）
savings (bank)

船舶
ship; boat; vessel

船舶工业
shipbuilding; shipbuilding industry

船厂
shipyard; dockyard

传奇
legend

船业/造船
shipbuilding

创想
create; innovate; creation; innovation; innovative ideas

创享（未来）
create and share (the future)

创新（的）
innovate; innovation; innovative

创业
start/open/establish/set up a business

创业公司
startup; startup company

创业者
entrepreneur; pioneer; founder

创造/铸就

create; produce; invent; make; form; bring about

创造者

creator; maker; inventor

瓷砖

(ceramic) title

存在

exist; be; existence; being

D

打印

print; printing

打造

forge; create; build; make; establish

大众

(the) public/people/masses/society

大自然

nature

代表

represent; representative; representation

担当

take on; take ... as one's duty; undertake; assume

地产

real estate

低碳

low(-)carbon

第一

first; primary; foremost

电池

　　　　battery

电缆

　　　　（electric）cable

电力

　　　　power

电气（的）

　　　　electric(al)

电器

　　　　electric(al)（appliances；goods）

电网

　　　　grid

电信

　　　　telecommunication；telecom

电子（的）

　　　　electronics；electronic

电子商务

　　　　e-commerce

顶级/一流

　　　　top；best；first-class；leading

定制（的）

　　　　customize；custom-tailor；have … custom-made；custom-made/built

东北

　　　　northeast（China）

东方（的）

　　　　east；eastern；oriental

动力

　　　　power

东南

southeast (China)

动能

　　energy; power; force; motivation

F

发电

　　generate power/electricity; power generation

发展

　　develop; advance; development; advancement

饭店（住宿）

　　hotel; guesthouse

饭店（餐馆）

　　restaurant

方便/便利/便捷

　　convenient; easy; handy; convenient and fast

房地产

　　real estate

防水的

　　waterproof

纺织

　　textile

飞机（工业）

　　aircraft/aviation (industry/industries)

风险

　　risk; hazard; danger

服饰

　　apparel; clothing; garment

服务

service

服务商

service provider

G

改变

change; transform; transformation

感动

touch; move; touched; moved

钢管

steel pipe(s)

港口/码头

port; harbor

钢铁

iron & steel

港务（集团）

port (group)

高科（技）（的）

high-tech

高速公路

expressway; freeway; super highway

高速铁路

high speed railway

高效（的/地）

high/good efficiency; highly efficient(ly)

工程

engineering; project; program; undertaking

共创

create/build/make ... together/jointly/hand in hand

共存
co-exist

公司
company (Co.); corporation (Corp.); incorporation (Inc.); plc. (public limited company)

共同（的/地）
common; joint(ly); together

贡献/奉献
contribute; dedicate; devote; give; offer; contribution; dedication; devotion

共享
share; enjoy ... together

工业
industry

工业区
industrial zone

共赢（的）
all-win; mutual win; win-win

供应
supply; accommodate; accommodation

供应链
supply chain

供应商
supplier

构筑
construct; build; create

股份

share

股份有限公司

company limited (by shares)

股东

shareholder

钴业

cobalt industry

关乎

concern; involve; be related to; involvement

管理

manage; management

光电（公司）

optic-electric (company)

光能

optical energy

光学（的）

optics; optical

国际（的）

international

国家/全国（的）

state; country; national

国贸

international trade

H

海外
> overseas; abroad

海运
> ocean/marine shipping

航空
> aviation

航空公司
> airline; airways; aviation corporation

航天
> aerospace

航油
> aviation oil/fuel

核电
> nuclear (electric) power

核电站
> nuclear power station/plant

核工业
> nuclear industry

合力
> pool efforts; join forces; make a concerted effort; work jointly/together

和谐(的)
> harmony; harmonious; concordant

合作
> cooperate; work jointly/together

合作共赢

win-win cooperation; cooperation for mutual win/benefits

红酒
 wine; red wine

互联网
 internet; internetwork

华北
 north China

华东
 east China

化肥
 (chemical) fertilizer

化工（产品）
 chemicals; chemical (products)

华南
 south/southern China

华西
 west China

化学（的）
 chemistry; chemical

华中
 central China

环保
 environmental protection

环境（的）
 environment; environmental

黄金
 gold

伙伴

  partner; companion; colleague
货运
  transportation service; freight transport

J

集成电路
  integrated circuit; integrated semiconductor
积极（的/地）
  active(ly); enthusiastic(ally); energetic (ally); vigorous(ly)
机器
  machine
集团
  group; corporation
机械（的）
  machinery; mechanical
基业
  foundation; enterprise; business; inheritance
集装箱
  container
家电
  home (electrical) appliances
家居
  home; house; residence
家庭
  family; home; household
加油
  refill fuel; oil; lubricate; fuel-(re) filling; oiling; lubricating; make an extra effort

价值
 value; worth
建材
 building materials
建工
 construction engineering
健康（的）
 health; healthy; sound
健康产业
 health industry
建设
 construct; build; construction; building
践行
 practice; execute; implement; fulfil; put in (to) practice
建筑
 architecture; construction; building
焦煤
 coking coal; charred coal
交通
 communications; transportation
交往
 communicate; associate; contact; communication; association
教学
 teaching
交易
 business; trade; transaction
教育
 educate; education

解决方案
    solution
进出口
    import and export
进取
    forge ahead; make progress; advance
金融（的）
    finance; financial
金属
    metal
精彩
    brilliant; splendid; wonderful; fantastic; gorgeous
精密工业
    precision industry
精密仪器
    precision instrument
精品
    quality/fine/choice products
精细（的）
    fine; detailed
竞争力
    competitiveness; competitive edge/power
酒/白酒
    liquor; spirits
酒厂
    brewery
酒店
    hotel

就业
    employment; job(s); job opportunities

K

咖啡
    coffee

开发（的）
    develop; development; developmental

开启
    start; open; launch; turn on

开始
    start; begin; initiate; commence; beginning; initiation; commencement

可持续（的）
    sustainable; lasting

科技
    (science and) technology

科工
    science and industry/technology

客户
    customer; client

客运
    passenger transport

控股
    holding; holdings

空间
    space; room

口味

taste; flavor

快递/速递
>express; express delivery; fast mail

快速
>fast; quick; speedy; high speed

矿（藏）
>ore; mineral

矿泉水
>mineral water

矿业
>mining (industry)

L

蓝图
>blueprint; scheme; plan; map

理念
>notion; idea

理想（的）
>ideal

立足
>have a foothold (in); based on

联合（的）
>unite; united; alliance

联接/连接
>connect; link (up); join

粮油
>grains and oil

林业

forestry

领航
　　lead; navigate; pilot; leading; navigation; piloting

领跑者
　　leader; pioneer; pace-maker/setter

零售
　　retail

领先
　　lead; take the lead; be in the lead; leading

龙头企业
　　leading/key enterprise

路桥
　　roads and bridges

露天煤矿
　　opencut coal mine

绿色
　　green

旅馆
　　hotel; guesthouse; inn

律师事务所
　　law firm

履行
　　fulfil; implement; perform; carry out

旅行社
　　travel agency/service; tourist agency

铝业
　　aluminum industry

旅游

travel; tour; tourism

M

满足（的）
 satisfy; make ... satisfied; satisfaction; satisfied; content; contented

美好
 beautiful; fine; nice; good; happy; enjoyable

煤矿
 coal mine

煤炭
 coal

美味
 delicious; tasty

煤业
 coal industry/mining

梦想
 dream

面对
 face (up to); confront; in the face of

免税
 duty-free

民航
 civil aviation

民族（的）
 nation; national

铭记
 (always) remember; engrave on one's mind; cherish the memo-

ry of; remain true to

明天/明日
 tomorrow; future

明智（的）
 wise; sensible; bright; brilliant

N

南方
 south; southern

能量
 energy; capability; capacity

能源
 energy

农村（的）
 rural; rural area

农牧业
 agriculture and animal husbandry

农商银行
 rural commercial bank

农业（的）
 agriculture; agricultural

努力
 try one's best/utmost; exert one's efforts; make great efforts; efforts

P

批发
 wholesale

啤酒
    beer
品牌
    brand; trade name
品质
    quality
平台
    platform; stage; arena

Q

汽车
    automobile; motor; car
起点
    start; starting point; a point of departure
奇迹
    miracle; wonder
汽贸
    automobile trade
企业
    enterprise; business
轻便
    light; handy; portable
清洁/洁净（的）
    clean
倾注
    devote ... to; throw all one's energy into; plunge oneself into; pay all attention to

驱动
  drive; power; move; run
全球（的）
  (the) globe; global; (the) world
全心（全意）（的/地）
  wholehearted; wholeheartedly; heart and soul

R

燃气
  gas
热爱
  love; deeply fond of; do ... enthusiastically/passionately
人类
  mankind; humanity
人寿（保险）
  life (insurance)
乳业
  dairy industry
软件
  software

S

善用
  make a good use of; make the best use of; use ... effectively
商业（的）
  commerce; commercial
社会
  society; community; (the) world

生产
> produce; manufacture; make

生活/生命
> life; living

生命力
> vitality; spirit; life; vigor/power of life

生态（的）
> ecology; ecological

生物（的）
> biology; biological; bio-

生意
> business

市场
> market

时代
> times; era

石化（公司）
> petrochemical (company)

时间
> time; hour

世界
> (the) world; (the) globe; (the) earth

视界
> vision; view

使命
> mission

视听（设备）
> audio visual (apparatus/equipment)

食品
  food(s)

事务所
  firm; agency; office

实现
  realize; achieve; bring about; (make …) come true

视像（设备）
  visual (apparatus/equipment)

事业
  cause; undertaking; enterprise

实业（的）
  industry; industrial; enterprise

石油
  petroleum; oil

守信
  keep promises/one's word; true to one's word

书店
  bookstore; bookshop

数码（的）
  digital

舒适/舒服（的）
  comfort; coziness; comfortable; cozy/cosy; snug

数字（技术）
  digital (technology)

数字化
  digitize; digitizing; digitization

水电
  hydropower

水泥
    cement
水务
    water (service)
塑料
    plastics
隧道
    tunnel
缩短
    shorten; reduce (distances)

T

太阳能
    solar energy
探索
    explore; probe; search (for); exploration; searching
糖业
    sugar industry
特色
    unique/special/distinguishing feature; characteristic
提高/提升
    raise; enhance; upgrade; elevate; uplift; heighten; increase
提供
    provide ... with; provide ... for; supply; offer
体育
    sport(s)
天然气
    natural gas; gas

天下
    (all over) the world; the whole country; everywhere
调味
    flavoring; seasoning
铁建
    railway construction
铁路
    railway; railroad
通达
    access to; lead to
通信/通讯
    communication; telecommunication
同行
    travel/march/move together; forge on together
铜业
    copper industry
投资
    invest; investment
推动
    drive; propel; push forward; give impetus to; driving; propelling
拓展
    expand; develop; enlarge; expansion; development; enlargement

W

外贸
    foreign/external trade

完美
  perfect; ideal; flawless
网络
  network
未来
  future; tomorrow
味精
  gourmet powder; monosodium glutamate
卫浴（的）
  bathroom; sanitary
温暖
  warm
物流
  logistics
无限
  limitless; boundless; immeasurable
物资
  (goods and) materials

X

西北
  northwest (China)
西部
  west; western
西南
  southwest (China)
系统
  system

稀土
rare earth

锡业
tin industry

现在/今日/当今
today; nowadays; the present

享受
enjoy; indulge oneself with/in; be contented with; enjoyment; contentedness

消费
consume; spend (money); consumption; spending

消费者
consumer; customer

携手
hand in hand; together; jointly

信赖
trust (in); count on; have faith in; depend/rely (on)

信息
information

行动
act; move; take action; action; acting

幸福/高兴/快乐
happiness; joy; pleasure; cheery; delight

幸福/高兴/快乐（的）
happy; joyful; pleased; cheerful; delightful; rejoiced; overjoyed

幸福/高兴/快乐（地）
happily; joyfully; cheerfully; delightfully

性能
>function; performance; property; nature

需求
>demand; need(s); requirement

选择
>choose; select; pick; choice; selection; picking

学习
>learn; study; learning

Y

烟草
>tobacco

研发实力
>(strong) R&D strength/capability

药店
>drug store; chemist's shop; pharmacy; pharmaceutical(s)

药品/药物
>pharmaceuticals

冶金
>metallurgy

冶炼
>smelt; smelting

以人为本
>people-oriented; people (come) first/foremost; take people as the priority

医药/药业（的）
>medicine; medicinal; pharmaceutical(s)

一直

always; consistently; continuously; all along; all the time

银行
   bank

引领
   lead; guide; (be) a leader; leading; guiding

硬件
   hardware

影响力
   influence; impact; force; weight

永恒
   everlasting; permanent; eternal; perpetual

用品
   goods; articles; appliances

油料
   oil; petroleum; fuel

有色金属
   nonferrous metal(s)

优势
   edge; advantage; superior position

有限
   limited; finite

有效（的/地）
   effective(ly); useful

有影响力（的）
   influential; have (great) impact/force/weight

油田
   oilfield

有限责任公司

limited liability company; company limited (Co., Ltd.)

邮政

postal service

员工

employee; staff (member)

园林

garden; landscape; park

远洋

ocean

源于

originate/come/stem from; have roots in; be rooted in; be the result of

运营商

operator; service provider

Z

再保险

reinsure; reinsurance

造福

benefit; bring benefit to; for the benefit/betterment of; for

造就

make; create; build (up); making; creating; building(-up)

早日

early; soon; at an early date

造纸（技术）

papermaking technology

造纸厂

paper mill

责任
  duty; responsibility; obligation
责任感
  sense of responsibility/duty
增长
  increase; grow; rise; growth
增添/增加
  add; increase; enrich; give/provide (more); addition; enriching
战略(的)
  strategy; strategic
珍惜
  cherish; treasure; value
征程
  journey; voyage; march
证券
  securities
智慧(的)
  wisdom; intelligence; wise; intelligent; smart
致力(于)
  (be)committed/devoted/dedicated to; commit/devote/dedicate … to
知名(的)
  renowned; well-known; known; famous
智能(科技)
  smart (intelligent) technology
至上
  (put/place/hold …) first/foremost
制药(企业/公司)

pharmaceuticals; pharmacy; pharmaceutical enterprise/company

纸业

paper industry

置业（集团/公司）

property; real estate (group/company)

智赢

win ... with intelligence/wisdom

制造

manufacture; manufacturing

智造

make/build with intelligence; make/build with intelligent technology

重工

heavy industry

中国/中华（的）

China; Chinese; Sino(-)

终生

lifetime; all one's life; throughout one's life

重托

great trust

重型

heavy (type/duty)

珠宝

jewelry; jewellery

铸管

cast iron pipe(s); ductile iron pipe(s)

助推

boost; accelerate; push; advance; give impetus to

铸造
  cast; create; make; casting; creation; making
专家
  expert; specialist; proficient; professional
专卖店
  exclusive/specialty store; exclusive/specialty agency
专注
  concentrate (one's attention) on; focus on; devote one's mind to; be devoted to
装备
  equip; equipment
追求
  pursue; seek; aspire (to be/for); be after
卓越/非凡
  outstanding; excellent; brilliant; remarkable; extraordinary
资产
  capital; property
自动化
  automation; automatization
自强不息
  exert oneself consistently; make unremitting efforts; strive for excellence
资源
  resource(s)
综合（的）
  comprehensive; integrated
租赁
  lease; rent; leasing; renting

最佳/最好/最棒

(the) best; optimum; top; (the) most …

尊重

respect; value; esteem

参考文献

《财富》中文网.2021年《财富》中国500强（企业）排行榜［EB/OL］.（2021-07-31）.［2020-05-05］www.fortunechina.com/fortune500/c/2021-07/20/content_392708.htm.

宾丝丝.八大"中华老字号"的前世今生［J］.时代邮刊，2017（7）：40-42.

陈倩倩.接受理论视角下公司名称的翻译［D］.长沙：中南大学硕士学位论文，2012.

冯修文.应用翻译中的审美与文化透视：基于商标品牌和品牌广告口号的翻译研究［M］.上海：上海交通大学出版社，2010.

何自然，李捷.翻译还是重命名：语用翻译中的主体性［J］.中国翻译，2012（1）：103-106.

洪明.论商业广告口号的创作艺术与翻译技巧［J］.商场现代化，2006（6）：172-173.

胡庚申.生态翻译学解读［J］.中国翻译，2008（6）：11-15，92.

李卿.农产品商标英译现状调查与优化策略［J］.对外经贸实务，2017（5）：66-69.

李淑琴.北京市出口产品商标翻译现状研究［J］.商场现代化，2007（8月下旬刊）：19-21.

李毓.跨文化交际视角下商标的翻译［J］.怀化学院学报，2018（10）：106-108.

刘彦哲，张文艳.进出口产品商标的创制与翻译探析［J］.中国商贸，2010（17）：229-230.

莫利娜，严小庆.企业名称翻译研究：以广东省出口名牌企业名称为语料[J].成都师范学院学报,2019(5):72-78.

潘妮,陆玉敏.企业产品进入国际市场的品名翻译策略[J].集团经济研究,2006(10月上旬刊):238-239.

品牌世家[EB/OL].[2020-05-05].http://www.ppsj.com.cn.

企业录.企业名录[EB/OL].[2020-05-05].http://www.qy6.com/qyml.

任朝旺.从"顺应论"角度看公司名称翻译[D].广州:广东外语外贸大学硕士学位论文,2007.

尚萌.谈文化视角下的商标名翻译[J].辽宁师专学报(社会科学版),2018(5):18-20.

史超.广告口号语言特色及描述翻译理论指导下的汉译[D].上海:上海外国语大学硕士学位论文,2006.

唐忠顺.我国出口产品商标翻译的主要问题及对策研究[J].湖南科技大学学报(社科版),2013(3):159-162.

天眼查.中国500强企业排名[EB/OL].[2020-05-05]. https://top.tianyancha.com/500qiang.

王颖,吕和发.公示语汉英翻译[M].北京:中国出版集团,中国对外翻译出版公司,2007.

肖姝.译者主体性与对外传播中标语、口号的翻译[J].外国语文,2011(12):61-64.

谢玉.目的论关照下广告口号的翻译[J].山西财经大学学报,2009(2):255-256.

许渊冲.翻译的艺术(论文集)[M].北京:中国对外翻译出版公司,1984.

许渊冲.文学与翻译[M].北京:北京大学出版社,2003.

许渊冲.翻译的艺术[M].北京:五洲传播出版社,2006.

杨全红.公司名称翻译中应该注意的几个问题[J].中国翻

译,1998(1):31-34.

杨若愚.从文本类型视角研究广告口号语的翻译[D].西安:西安外国语大学硕士学位论文,2012.

张琪,周玲.跨文化视角下商标翻译的研究[J].国际公关,2019(4):158-159.

周瑾.产品商标名称的翻译与营销策略探究[J].中国商贸,2012(7):235-236.

左雅莲.基于顺应论对公司名称汉英翻译的研究[D].大连:大连海事大学硕士学位论文,2009.

LIM L, YING L K. Evaluating slogan translation from the readers' perspective: a case study of Macao [J]. Babel, 2015 (1): 1-35.

LIU, Jiafeng. Name selection in international branding: translating brand culture [J]. International journal of business and management, 2015 (4): 187-192.

MUELLER S. Excellent corporate slogans and mottos analyzed [EB/OL]. (2017-03-31) [2020-05-05]. http://www.planetofsuccess.com/blog/2011/excellent-corporate-slogans-and-mottos-analyzed.

NIDA E A. Toward a science of translating [M]. Leiden: E. J. Brill, 1964.

REISS K, VERMEER HJ. Groundwork for a general theory of translation [M]. Tubingen: Niemeyer, 1984.

SPERBER D. WILSON D. Relevance: communication and cognition [M]. Oxford: Blackwell, 1986.

SPILLANE J. Localizing slogans: when language translation gets tricky [EB/OL]. (2017-03-31) [2020-05-05]. https://www.business2community.com/branding/localizing-slogans-languagetranslation-gets-tricky -2 -0998446.

VERSCHUEREN J. Understanding prgmatics. Beijing: Foreign Language Teaching and Research Press and Esward Arnold (Publodjshers) Limited, 2000.

致　　谢

　　本书的写作经历了两三年的历程，其间查阅和参考了大量的资料，主要包括翻译素材和相关的著述及研究，其中参考较多和直接引用的笔者已在参考文献中列出，但也许未能面面俱到。在此笔者对书中所有参考和引用的翻译素材以及著述和研究的作者表示诚挚的谢意。在本书写作和准备出版的过程中，曾得到暨南大学翻译学院和北京理工大学珠海学院外国语学院的帮助，这里也一并表示感谢。除此之外，笔者也要感谢家人对时间跨度如此长的写作工作的理解和包容。最后，还要感谢中山大学出版社在本书审读和出版方面给予的帮助和支持。